O CLERMONT I NANTES

STEPHEN JONES

gyda Lynn Davies

Argraffiad cyntaf: 2007

Dymuna'r cyhoeddwyr gydnabod cymorth ariannol
Cyngor Llyfrau Cymru

Lluniau: diolch i Huw Evans Picture Agency, Caerdydd

Cynllun y clawr: Y Lolfa

Rhif Llyfr Rhyngwladol: ISBN: 9 781 84771 016 1
(1847710166)

Cyhoeddwyd, rhwymwyd ac argraffwyd yng Nghymru
gan Y Lolfa Cyf., Talybont, Ceredigion SY24 5AP
gwefan www.ylolfa.com
e-bost ylolfa@ylolfa.com
ffôn 01970 832 304
ffacs 832 782

RHAGAIR

WRTH I'R LLYFR HWN fynd i'r wasg dath y newydd ysgytwol am farw Grav. Mae'n anodd disgrifio'r effeth mae ei golli fe wedi'i cha'l ar bawb odd yn ei nabod ac, yn 'y mhrofiad i, 'dw i ddim yn meddwl bod y byd rygbi yng Nghymru eriod wedi dioddef ergyd debyg.

Er y bydde'n anodd dod o hyd i wlatgarwr mwy angerddol na Grav fe ddylanwadodd ar bobl ymhell y tu hwnt i Gymru, gyda'i frwdfrydedd heintus a'i bersonolieth gynnes. Ond, wrth gwrs, rodd lle sbesial yn ei galon i'r Strade. Fel Llywydd rodd e ynghanol holl weithgarwch Clwb Rygbi Sgarlets Llanelli ac yn agos iawn at y wharaewyr. I ni rodd ei deyrngarwch at y clwb yn batrwm i ni anelu ato a'i ymroddiad dros gyfnod maith yn achos edmygedd mawr. Ar y Strade, a thu hwnt, rodd pawb yn dwlu ar Grav ac yn teimlo cyment yn well bob amser ar ôl bod yn ei gwmni. O'n rhan i, yn bersonol, rwy 'di colli ffrind da.

Er gwaetha ei salwch difrifol, a'r boen a ddioddefodd yn y misodd dwetha, rodd e' yr un mor fyrlymus ag eriod, a'i agwedd at rygbi yng Nghymru, a bywyd yn gyffredinol, mor bositif. Bydd colled enfawr ar ei ôl, a

5

bwlch amhosibl i'w lenwi, ond eto fe fydd yr atgofion melys yn aros.

Diolch yn fawr i Lynn a Lefi am fod mor amyneddgar a diolch i Gwenno a'r teulu am eu cefnogaeth.

Stephen Jones, Tachwedd 2007

CYFLWYNIAD

Y Strade, Nos Wener, 8 Medi, 2006, 6.45
Ystafell Newid y Sgarlets

RWY'N GALLU CLYWED SŴN y dorf nawr ac mae'r gwaed yn dechre corddi. Odd hi'n eitha tawel pan fues i mas ar y cae gynne fach yn ymarfer cico am ychydig, ond erbyn hyn mae 'na rai miloedd wedi cyrradd.

Rodd rhywbeth sbesial eriod am y gêm gynta gartre bob tymor ond mae gêm heno'n erbyn Glasgow yn fwy sbesial byth. Mae'na ryw awch ymhlith y wharaewyr a'r cefnogwyr i ailafel ynddi unwaith eto, a'r awydd taer yna'n 'yn rhoi ni i gyd ar dân ishe bwrw iddi. Y fi'n enwedig, ar ôl treulio dwy flynedd bant o'r Strade. Ond ers diwedd y tymor diwetha mae Phil wedi cadw'r stafell newid hon i'r tîm cartre dan glo, a'n ca'l ni i ddefnyddio stafell tîm yr ymwelwyr yn ystod y misoedd o ymarfer. Bydd hynny, yn ei farn e, yn neud y bois hyd yn oed yn fwy ymwybodol o bwysigrwydd y gêm heno.

Fel yn yr hen ddyddie, dw i a'r bois erill yma ers rhyw awr a chwarter. Mae bachyn Rhif 10 yn yr un lle o hyd, y nesa at fachyn Dwayne Peel. Ers pan ddechreues i whare i Lanelli, ddeng mlynedd yn ôl, mae pob wharaewr yn newid wrth ochr y boi fydd nesa ato fe ar y cae. A dweud y gwir, wrth eistedd fan hyn nawr rwy'n teimlo nad wy' i eriod wedi bod o 'ma.

Do'n i ddim yn siŵr, i ddechre, pa un ai dod 'nôl i Lanelli y byddwn i neu beidio. Cyn penderfynu fe fues i'n trafod tipyn ond wnes i ddim sôn o gwbl bryd hynny am delerau ariannol. Ro'n i wrth 'y modd yn Ffrainc ond ro'n i ishe rhoi cant y cant i glwb yng Nghymru – clwb fydde hefyd yn rhoi help i fi ddatblygu 'y ngyrfa ryngwladol. Rodd symud i Gymru'n golygu whare tipyn llai o gême nag odd yn rhaid i fi neud o dan y drefen yn Ffrainc. Rodd e'n golygu hefyd y bydde hi'n haws o lawer, gan y byddwn i ar garreg y drws i gyrradd sesiyne ymarfer carfan Cymru ac y bydde'r hyfforddwyr yn 'y ngweld i'n whare'n gyson. Ar ôl siarad gyda phawb, ac er mor braf falle fydde whare o dan hyfforddwr mor alluog â Dai Young, rodd y dynfa 'nôl i'r Strade'n rhy gryf.

Mas yn Clermont Auvergne rodd hi dipyn yn wahanol cyn pob gêm. Fe fydden ni'r wharaewyr yn dod at 'yn gilydd yn y stafell newid a gadel 'yn bagie yno, beder awr cyn y gic gynta. Fe ddysges i'n gynnar iawn mai'r drefen wrth gyrradd yno fydde mynd at bob un o'r tîm odd wedi cyrradd a siglo llaw 'dag e, a chyfarch 'yn gilydd. Dysges hefyd y bydde ysgwyd llaw â rhywun am yr ail waith yn ystod yr un diwrnod yn ca'l ei ystyried yn sarhad mawr ar y person hwnnw, gan ei fod yn golygu nad o'ch chi'n cydnabod y cyfarfod cynta rhyngoch chi. Fe fydden ni i gyd wedyn yn cerdded draw i westy ar bwys y stadiwm ac yn sgwrsio ac yn ymlacio cyn ca'l pryd o fwyd hir gyda'n gilydd.

Awr a hanner cyn y gic gynta bydde'r hyfforddwyr yn

trafod y gêm gyda ni ac yna draw â ni i'r ystafell newid i baratoi. Fe fyddwn i'n newid ar unwaith ac yn mynd mas i'r cae i ymarfer cico cyn dod 'nôl i'r stafell newid i dwymo lan gyda'r bois ar gyfer y frwydr odd o'n blân. A brwydr odd hi'n aml, yn enwedig ymhlith y blaenwyr. Yn sicr rodd y gême yno'n galetach na'r rhai ro'n i'n eu cofio yng Nghymru, a hefyd yn fwy brwnt. Rodd 'da nhw lot mwy o ryddid i daflu dyrne yng Nghynghrair Ffrainc pan fydde rhywbeth yn eu cynhyrfu nhw. A dweud y gwir fe fydde blaenwyr time Ffrainc fel arfer yn ca'l carden felen am drosedde y bydde blaenwyr time Prydain wedi ca'l carden goch am eu cyflawni.

Fe dda'th y sgwrsio gyda'r bois a staff Clwb Clermont Auvergne yn haws wrth i fi ddod yn fwy a mwy rhugl mewn Ffrangeg. Ond, ar ôl dweud hynna, wrth drafod pethe'n ymwneud â rygbi rwy i hapusa o hyd wrth siarad yr iaith honno. Fe ges i bob help iddi dysgu hi. Mae tref Clermont yn dibynnu'n drwm ar gwmni Michelin ac am fod gan y cwmni gysylltiadau busnes byd-eang rodd 'na ysgol ieithyddol yn y dre. Fe drefnodd y clwb i fi fynd yno'n rheolaidd i ga'l gwersi Ffrangeg personol gan un o diwtoriaid yr ysgol.

Yn ogystal, fe ddes i'n ffrindie mawr gydag un o ganolwyr y clwb, Tony Marsh, brodor o Seland Newydd a fu'n byw yn Ffrainc ers nifer o flynyddoedd. Rodd e wedi whare rygbi dros ei wlad newydd sawl gwaith ac rodd e mewn gwirionedd yn fwy o Ffrancwr na'r Ffrancwyr eu hunen. Rodd e'n mynnu bod y whaeraewyr yn siarad Ffrangeg â'i gilydd, er eu bod nhw'n dod o ddeg gwlad wahanol ac yn ei chael hi'n haws, falle, i

siarad ieithoedd erill. Rodd y bywyd cymdeithasol
hefyd yn help i fi ddod i ddeall a defnyddio'r Ffrangeg.
Byddwn i wrth 'y modd yn mynd i ambell *gafé* a thŷ
byta yn y dre, achos rodd hynna'n rhan mor bwysig o'r
diwylliant lleol. Byddwn i hefyd yn ca'l gwahoddiad yn
gyson gan y wharaewyr erill i fynd iddi cartrefi nhw
am swper. A finne'n byw mewn fflat do'dd dim ishe
gofyn ddwywaith, fel arfer.

Chwarter awr i fynd. Mae 'da fi un neu ddau o bethe i
sorto mas yn 'yn meddwl 'yn hunan cyn mynd mas ar
y cae. Rwy'n sylweddoli ei bod hi'n nosweth emosiynol
iawn ond mae'n rhaid i fi nawr drio canolbwyntio ar y
gêm. Rwy'n gw'bod, o brofiad, pe byddwn i'n gadel i'n
nheimlade i ga'l y gore arna i, y galle 'y ngêm bersonol
i heno fynd yn rhacs. Felly, rhaid meddwl pa symudiad
fydda i'n 'i alw y tro cynta y bydd 'da ni linell yn eu 22
nhw. Ydy hi'n wir nad yw eu rhif 10 nhw'n lico taclo?
Felly, ydw i'n mynd i alw am bêl fydde'n rhoi cyfle i ni
gylchu rownd cefen y llinell a drifo'n syth i mewn iddo
fe? Os daw'r bêl 'nôl yn gyflym o'r sgarmes pa symudiad
ydw i'n mynd i'w alw? Os yw eu hamddiffynwyr nhw'n
mynd i ga'l eu tynnu i mewn fe fydd yn rhaid i fi gadw
llygad mas rhag ofn y bydd cyfle i fi gymryd mantes
wrth iddyn nhw fod yn dene mas yn llydan.

Er 'yn bod ni, wrth gwrs, wedi trafod y tactege gyda
Phil yn gynharach yn yr wythnos, mae'n rhaid i fi nawr
neud yn siŵr bo fi'n 'u cofio nhw'n iawn. Rhaid i fi fod
yn ddigon siarp ar y cae fel bod y blaenwyr yn clywed
y galwade gwahanol yn gynnar, ac yn gallu ymateb yn

gloi oherwydd hynny. Mae'n rhaid i fi hefyd feddwl am alw patryme whare sy'n mynd i dynnu gyment o'r bois i mewn i'r gêm mor gynnar â phosibl. Rhaid i fi drio osgoi sefyllfa lle nad yw nifer o'r tîm, ar ôl rhyw ddeng muned o whare, wedi twtsiad yn y bêl, neu heb fwrw ryc. Pryd fydd hi ore i fi redeg a phryd i gico. Ydy'r holl ymarfer cico'n mynd i dalu ffordd?

Os bydda i wedi ca'l hwyl arni yr wythnos gynt, am ryw ddwy awr yr wythnos y bydda i'n ymarfer cico. Fel arall, os oes unrhyw broblem neu os oes ishe newid rhywbeth, fe a' i mas am ryw beder awr yr wythnos. Falle 20 munud yn cico at y llinell, 20 munud yn cico'n hir a cha'l y bêl i fynd tin dros ben ar hyd y ddaear, 10 munud yn cico ar draws cae tuag at yr asgellwr, 20 munud ar y gic adlam, yn enwedig ar gyfer ail- ddechre'r gêm, 20 munud ar y gic droellog am yr ystlys, yna ychydig o gicie wrth i fi sefyll yn stond ac ychydig eto wedi i fi redeg sawl llathen cyn taro'r bêl. Wedyn, ailadrodd y cicie, gan ddefnyddio'r droed whith, cyn gorffen y sesiwn gyda rhyw 20 munud o gico at y pyst falle. Y peth sy'n bwysig yw rhannu'r sesiwn gan osgoi iddi fod yn undonog.

Er mai arna i y bydd y cyfrifoldeb, gan amla, i alw symudiade'r Sgarlets ar y cae y tymor nesa, fydd dim hanner cyment o faich arna i ag odd 'na pan o'n i'n whare yn Ffrainc. Gan 'yn bod ni ym Mhrydain yn rhoi cyment o bwysles ar batryme a systeme whare arbennig yn ystod gêm mae hynny ar adege'n tynnu'r pwyse oddi ar y maswr.

Ond mae dull time Ffrainc o whare'n golygu bod y maswr, fel unigolyn, yn rheoli mwy ar y gêm. A dyna'r drefen newydd y bu'n rhaid i fi ddod yn gyfarwydd â hi pan es i Clermont Auvergne gynta ar gyfer tymor 2004-2005. Oherwydd hynny, yn benna, fe ethon nhw ati i 'ngha'l i gryfhau rhai agwedde ar 'y ngêm i. Fel odd hi'n digwydd ro'n nhw'n agwedde ro'n i'n gw'bod 'yn hunan bod angen tipyn bach o waith arnyn nhw. Ro'n nhw moyn i fi ymosod mwy ar linell y tîm arall pan o'n i'n cario'r bêl, am i fi gymryd y bêl yn gynharach wrth dderbyn pas ac am i fi ddal y bêl o 'mlân i, gan symud y breichie a'r dwylo yn fwy, wrth redeg at y gwrthwynebwyr.

Gan 'y mod i wedi mynd i Ffrainc yn y lle cynta er mwyn ca'l y cyfle i ddysgu'r steil Ffrengig o whare ro'n i'n hapus iawn eu bod nhw yn 'yn rhoi i ar ben ffordd. Wrth gwrs, mae whare gyda rhywfaint o fflach a dychymyg yn bwysig i dime Ffrainc. Rodd hyn yn golygu bod 'da nhw agwedd wahanol at sgilie. Pwrpas y rheiny, i lawer o'r wharaewyr, odd eu galluogi nhw i neud yr annisgwyl a'r cyffrous. Os nad odd e'n gweithio, rodd 'da nhw rhyw agwedd "C'est la vie. Sdim ots. Odd hi'n werth 'i drio fe. Falle weithiff e'r tro nesa." Ym Mhrydain, cyn i fi fynd i Ffrainc, pan fydde rhywun yn trio rhyw symudiad gwahanol ac falle'n gollwng y bêl wrth neud 'ny, bydde fe'n siŵr o ga'l i ddiawlo i'r cymyle am wastraffu meddiant gwerthfawr.

Mae lot o wynebe newydd yn y stafell newid 'ma o'i gymharu â'r tro dwetha o'n i yma, ddwy flynedd yn ôl. Mae Phil, whare teg iddo, wedi rhoi cyfle i'r bois ifanc sy wedi bod yn disgleirio yn y sesiyne ymarfer, fel Gavin Evans, Darren Daniel a Ceiron Thomas. Mae e wedi bod yn broffesiynol iawn gan drio neud yn siŵr eu bod nhw'n deall pa fath o ethig gwaith mae disgwyl iddyn nhw ei barchu yn y clwb. Rwy'n siŵr y gall sawl un ohonyn nhw neud ei farc yn ystod y tymor.

Mae'r sesiyne ymarfer o dan Wayne Proctor wedi bod yn arbennig o galed. Tan yn ddiweddar digon llwm odd y cyfleusterau ffitrwydd ar y Strade, ond erbyn hyn ry'n ni wedi ca'l *gym* newydd a gwerth £100,000 o offer ynddi. Hyd yn oed wedyn ry'n ni'n bell ar ei hôl hi o gymharu â'r adnodde mewn clybiau fel Clermont. Dyna pam mae'n holl bwysig, os yw'r Sgarlets yn mynd i barhau i gystadlu ar y lefel ucha, 'yn bod ni'n symud i safle newydd, mwy teilwng, er cyment mae'r Strade yn ei olygu i fi.

Rodd yr adnodde yn Clermont yn wych – stadiwm ardderchog yn dal 15,000 o bobol; gymnasiwm arbennig o dda; cwrt pêl fasged; cyfle i ddefnyddio trac rhedeg dan do a chae ymarfer odd fel lawnt fowlio. Maen nhw wrthi'n adeiladu stand newydd y tu ôl i'r gôl yn ogystal ar hyn o bryd. Daeth gwên fach i'n wyneb i pan redes i mas ar y cae ymarfer ar bwys y Strade am y tro cynta ar ôl dod 'nôl. do'dd dim llawer o borfa arno fe ac rodd tri o geffyle'r sipsiwn yn pori yr hyn odd ar ôl o'r borfa.

Eto, rodd sesiyne ymarfer Clermont yn hamddenol iawn. Byddwn ni ar y Strade'n bwrw iddi'n galed trwy ymarfer un dril yn drwyadl cyn symud mlân ar unwaith at un arall. Yn Clermont, fe fydden ni'n mynd gan bwyll bach ar draws y cae o un dasg i'r llall, gyda'r props falle yn ca'l rhyw doriad bach ar y ffordd er mwyn ca'l cystadleueth cicie adlam. Yn ogystal, fe fydden ni yn Ffrainc yn mwynhau cymryd dwy awr dros 'yn cinio ar ddiwrnod ymarfer, ond yn y Strade, ar ôl toriad o ddim ond ryw hanner awr, fe fydd rhywun yn siŵr o weiddi, "Reit. Bant â chi i'r stafell fideo. Mae tipyn o waith dadansoddi 'da ni i neud heddi". Ond y rheswm pam nad odd cyment o bwyse arnon ni yn y sesiyne ymarfer yn Clermont odd bod 'da ni ddwy gêm Gynghrair galed bron bob wythnos, gan neud cyfanswm o 30 mewn tymor. Rodd y gême Cwpan a Chystadleueth Heineken ar ben 'ny – digon o rygbi felly heb orfod ca'l sesiyne ymarfer trwm yn ogystal.

Gobeithio aiff pethe'n well heno nag yn erbyn Ulster yn Ravenhill yr wythnos ddiwetha. Do, fe gollon ni'n drwm yn y diwedd ond ar y cyfan ro'n i'n eitha ples â'r ffordd ro'n ni'n trio whare fel tîm. Mae hynna'n bwysig iawn i fi'n bersonol. Os colli, mae'n well 'da fi golli o 45–20 wrth whare rygbi deniadol, na'n bod ni'n colli 12–11 a finne'n dod oddi ar y cae yn difaru na fyddwn i wedi trio'r peth hyn a'r peth arall. Rwy'n siŵr bod cefnogwyr y Strade'n teimlo'r un peth. Maen nhw'n lico'n gweld ni'n whare rygbi â thamed bach o sbarc ynddo fe. Dyna un reswm pam penderfynes i adel Llanelli ddwy flynedd yn ôl. Ar ôl wyth mlynedd gyda'r clwb ro'n i'n teimlo 'mod i wedi colli rhywfaint o'r sbarc yna. Rodd ishe sialens newydd arna i. Ond heno ma sialens newydd arall o 'mlân i.

Er gwaetha'r 'fflach' Ffrengig mae rhywun yn tueddu ei gysylltu â rygbi Ffrainc, myth yw hi bod wharaewyr Ffrainc yn rhedeg y bêl o bobman. Mae rhai time'n cico popeth a rhai erill yn lico whare iddi blaenwyr o hyd. Tra bo tua naw neu ddeg o dime'r Adran Gynta, gan gynnwys Clermont, yn edrych i ennill pob gêm, bydd tua hanner dwsin ohonyn nhw jest yn canolbwyntio ar ennill gartre. Ac i'r cefnogwyr mae ennill gartre'n bwysicach byth.

Yn Clermont rodd rygbi yn ca'l lle amlwg iawn yn y dre. Yn 'y ngêm gynta i i'r clwb yn erbyn Montpellier fe ges i 'mwrw mas, odd yn golygu mai yn y stand ro'n i ar gyfer y gêm gartre wedyn yn erbyn Grenoble – rodd Clermont wedi rhoi crasfa iddyn nhw ar eu tomen eu hunen ddiwedd y tymor cynt. Anamal fydd Clermont yn colli gartre ond dyna ddigwyddodd y diwrnod 'ny. Rodd y cefnogwyr yn ofnadw o grac ac fe ges i gythrel o sioc wrth weld pa mor chwerw ro'n nhw tuag at y tîm. Colli nethon ni yn erbyn Bayonne yr wythnos wedyn hefyd ac o ganlyniad fe gafodd yr hyfforddwr y sac – a finne ond wedi bod yno am dair wythnos. Fe fydd cefnogwyr y Sgarlets yn ddigon parod i roi gw'bod i ni os nad 'yn nhw'n hapus â'r ffordd mae'r tîm yn whare, ond dy'n nhw ddim yn yr un cae â chefnogwyr Ffrainc o ystyried pa mor ffyrnig maen nhw'n gallu ymateb.

Rwy'n credu y bydd 'yn cefnogwyr ni'n hapus â'r steil o rygbi ymosodol ry'n ni wedi bod yn ei ymarfer cyn dechre'r tymor ac y byddan nhw'n sylweddoli mai 'yn bwriad ni'r tymor hwn yw whare rygbi deniadol, o safon. Fe gawn ni w'bod mewn ychydig o funude. Mae'n swnio fel eu bod nhw mewn hwylie da, ta beth.

CROESO 'NÔL

Sgarlets 31 Glasgow 17

Cynghrair Magners, Nos Wener, 8 Medi

R O'N I'N TEIMLO'N SIOMEDIG dros ben mai dim ond o 5–3
o'n ni ar y blân ar hanner amser. Nethon ni greu
digon o gyfleon i sgori sawl cais ond rodd y bas ola'n
gadel ni lawr. Do'n i ddim yn hapus â'r cico am gôl
chwaith... fe golles i ambell i gyfle, ond fel 'na mae hi
weithie achos rodd y rwtîn 'run peth ag arfer.

Anelu'r tî am y pyst, gosod y bêl ar yr ongl iawn i'r
un cyfeiriad, cymryd pedwar cam 'nôl a dau gam a
hanner i'r whith. Cau pob sŵn mas a meddwl yn unig
am ga'l y broses o gico'r bêl yn iawn er mwyn ca'l ei
gweld hi'n hedfan rhwng y pyst. Hyn i gyd yn cymryd
rhyw 30–40 eiliad mas o'r un funed mae hawl gan bob
ciciwr iddi chymryd wrth anelu am y pyst. Camu at y
bêl gan gadw'r pwyse'n ysgafn ar y droed whith – hyn
yn bwysig neu fe fydd y clunie'n troi gormod wrth i
fi fwrw'r bêl gan effeithio ar yr annel. Gofalu bod y
pen dros y bêl wrth i fi gico a bod y droed dde'n mynd
trwy'r bêl.

Do's dim byd yn wath na chodi pen yr eiliad nesa a

gweld nad yw'r bêl yn mynd i'r cyfeiriad iawn. Cyn y bydda i'n hapus gyda 'mherfformiad i bydd yn rhaid i fi lwyddo gyda 70%–80% o 'nghicie. A do'dd hi ddim fel'na yn yr hanner cynta.

Ond gwellodd pethe yn yr ail hanner. Dechreuodd yr hyn ro'n ni wedi bod yn ei neud ar y cae ymarfer dalu ffordd a llwyddon ni i basio'r bêl o wharaewr i wharaewr yn effeithiol iawn. Mewn cyfnod o ryw 26 munud, ro'n ni wedi sgori pedwar cais arall, a finne'n trosi tri ohonyn nhw, gan lwyddo ar yr un pryd i whare rygbi eitha cyffrous, odd yn amlwg yn plesio'r dorf.

Rodd eu cefnogeth nhw'n frwd iawn ac rodd y fuddugolieth gynta 'nôl yng nghrys y Sgarlets, a phwynt bonws yn ogystal, yn felys dros ben. Fe gymerodd hi rhyw chwarter awr ar ôl y chwiban ola i fi gyrradd y stafell newid gan fod cyment o blant a phobol ifanc ishe'n llofnod i, odd yn deimlad braf iawn.

Rodd y staff hyfforddi a'r Cadeirydd yn 'yn disgwyl i yno i'n llongyfarch ni. Yna, i'r gawod â fi ac yna draw i'r babell arbennig y tu ôl i'r eisteddle i ga'l rhywbeth bach i'w fwyta a chwpaned o de – ie, te! Er 'mod i wrth 'y modd yn enjoio peint bach ar ôl gêm, a chymysgu gyda wharaewyr y ddau dîm, ddigwyddodd hynny ddim y tro 'ma. Un rheswm odd bod hast ar dîm Glasgow i ddal awyren 'nôl i'r Alban ac yn ail rodd Phil (Davies) wedi gosod rheol 'dim alcohol' ar gyfer pob aelod o'r garfan am yr wythnos gan fod 'da ni dair gêm bwysig iawn yn ystod y cyfnod hwnnw. Er mor llym, falle, odd y rheol yn ymddangos, mae wharaewyr erbyn hyn wedi dod i dderbyn taw dyna'r math o ddisgybleth sy ei angen er mwyn llwyddo yn yr oes broffesiynol hon.

Gartre wedyn ac i'r gwely, wedi blino'n lân. Yn ôl
'yn arfer i, yn dilyn pob gêm, do'dd dim siâp cysgu
arna i tan ryw dri o'r gloch y bore. Ro'n i'n troi a throsi
tan hynny, gyda'r adrenalin yn dal i lifo wrth i fi ail-
fyw gwahanol agwedde ar y gêm yn erbyn Glasgow. Y
canlyniad odd 'mod i'n hollol flinedig ar y dydd Sadwrn
heb fawr o awydd neud dim byd ond ymlacio wrth
ddarllen y papure ac edrych ar chwaraeon ar y teledu
– chwaraeon heblaw rygbi, fel pêl-droed a chriced.

Rwy'n gallu edmygu'n fawr y sgilie sy ar waith yn
y chwaraeon arbennig hynny. Rwy'n hoff iawn o bêl-
droed. A dweud y gwir pan o'n i'n grwt dim ond socyr
o'n i'n arfer whare yn y gaea ac ro'n i'n bymtheg oed
cyn i fi whare rygbi o ddifri. Ro'n i'n dwlu ar griced yn
yr haf, yn whare fel batiwr i dîm Caerfyrddin – i'r time
dan 12, dan 16 ac yna i'r tîm hŷn. Rodd y tîm hwnnw'n
cynnwys croesdoriad gwych o fois, o bob oedran ac o
bob math o gefndir. 'Swn i wedi lico dal i whare criced
ond unwaith yr es i whare rygbi ar y lefel ucha do'dd
dim llawer o amser ar gyfer y dillad gwynion, hyd yn
oed yn ystod yr haf.

Y tro diwetha i fi whare odd ar ôl i fi ddod 'nôl o
Ffrainc yr haf diwetha. Ro'n i wedi ca'l gwahoddiad i
gymryd rhan mewn gêm at achos da ac ro'n i'n edrych
mlân yn fawr. Ond pan wisges i'r 'gwynion' amdana
i yn y stafell newid fe ges i sioc o sylweddoli eu bod
nhw tua dau seis yn rhy fach i fi, gan fod cyment o
amser ers i fi eu gwisgo nhw cyn 'ny. Fel y gallwch chi
ddychmygu rodd 'na dipyn o dynnu co's y noswaith 'ny

ynghylch steil 'yn nillad i.

Un peth sy'n ei neud hi'n hawdd i fi ymlacio gartre ar hyn o bryd yw'r ffaith 'mod i'n byw gyda Mam yng Nglan-y-fferi, gan nad ydw i wedi prynu tŷ ar ôl dod 'nôl o Ffrainc ac mae hi'n edrych ar 'yn ôl i'n wych. Eto i gyd rwy'n whilo am le i fi'n hunan, ond bo fi ddim yn siŵr pa un ai mynd am dŷ sy ar werth ar hyn o bryd neu brynu pishyn o dir a chodi tŷ newydd arno fe. Ond fe fydd yn rhaid i fi ddod i benderfyniad cyn bo hir.

Dreigiau Gwent 22 Sgarlets 23
Cynghrair Magners, Nos Fawrth, 12 Medi

Pan o'n i'n whare yn Ffrainc bydde bois Clermont Auvergne yn edrych mlân at y gêm 'dderby' flynyddol yn erbyn 'yn cymdogion agosa ni, Brive – gan mai dim ond taith o ryw ddwy awr a hanner odd 'da ni i gyrradd 'na. Rodd siwrne'r Sgarlets hyd yn oed yn llai, wrth gwrs, i feysydd rhanbarthe erill Cymru yng Nghynghrair Magners, ac i Rodney Parade, cartre Dreigiau Gwent, rodd yn rhaid i ni fynd gynta. Buon ni i mewn yn y Strade ar y dydd Llun cyn y gêm i drafod 'yn tactege ni ar gyfer y nosweth wedyn. Ychydig iawn o sylw fyddwn ni'n ei roi, ar adege fel'na, i steil gêm 'yn gwrthwynebwyr oherwydd po fwya o bwysles y byddwn ni'n ei roi ar eu patrwm nhw o whare, lleia i gyd o amser fydd 'da ni i baratoi 'yn tactege'n hunen.

Un peth ro'n ni'n siŵr ohono odd y bydde'r gêm yn un galed a chorfforol, a fel'na y buodd hi. Ar hanner amser ro'n ni'n colli 3–16 a hynna'n benna achos bod y Dreigiau'n llawer mwy effeithiol na ni, yn arbennig yn ardal y dacl, lle rodd Colin Charvis a Jamie Ringer yn rhagori. Mewn unrhyw gêm mae gyda ni, fel tîm, linynnau mesur ar gyfer y rhannau pwysica o'r whare ac yn hynny o beth 'yn nod ni yw ennill tua 90% o'n pêl ni yn ardal y dacl. Yn erbyn y Dreigiau dim ond 60% odd y ffigwr hwnnw, a'r bai am hynny'n benna arnon ni'r olwyr, yn enwedig yn yr hanner cynta.

Ro'n i'n trio'n rhy galed i greu symudiade cyffrous ac o ganlyniad rodd gormod o'r bois yn rhedeg ar ongle gwahanol oddi ar y bêl, weithie ar ffug-rediad, gan adel ardal y dacl ei hunan yn rhy wan. Fe wellodd pethe yn yr ail hanner ac fe lwyddon ni i sgori tri chais, mewn cyfnod o whech muned, yn gynnar ar ôl y toriad, gan whare rygbi eitha pert. Er i Ceri Sweeney roi'r Dreigiau 'nôl ar y blân gyda'i bedwaredd cic gosb fe lwyddon ni i ddala mlân o drwch blewyn ar ôl i fi drosi cic gosb arall.

Ar ôl pryd bach cyflym o fwyd yn y clwb yn Rodney Parade ro'n ni 'nôl ar y bws ac ar 'yn ffordd i westy'r Vale, sy hefyd yn bencadlys i dîm Cymru. Yno, fe ethon ni'n syth i mewn i'r pwll nofio am sesiwn i ga'l 'adferiad', sef nofio am ryw chwarter awr, ac ychydig o ymarferion ystwytho, digwyddiad sy bellach yn rhan bwysig o'n rhaglen ffitrwydd ni. Mae'n ffordd o leddfu rhywfaint ar unrhyw ddolur yn dilyn gêm ac weithie o rwystro unrhyw stiffrwydd rhag datblygu, yn enwedig pan fydd gêm arall i'w whare mewn ychydig o ddyddie. Ond alla' i ddim dweud bo fi'n ffan mawr o'r broses, er bod yn rhaid ei neud e, sbo. Rodd yn well 'da fi yr hen drefen pan fydden ni'n mynd streit gartre ar ôl gêm. Rhwng popeth ro'n ni i gyd yn eitha blinedig pan gyrhaeddon ni 'nôl yn Llanelli yn orie mân y bore.

Connacht 15 Sgarlets 37
Cynghrair Magners, Nos Wener, 15 Medi

Dau ddiwrnod gartre ac yna bant â ni ar y bore dydd Iau o faes awyr Caerdydd i Galway, lle ro'n ni'n whare yn erbyn Connacht ar y Sportsground y nosweth wedyn. Fe geson ni sesiwn ymarfer ar ôl cyrradd yno ac yna fe fuon ni'n ymlacio yn y gwesty am weddill y diwrnod. Gan mai hon odd y drydedd gêm i ni mewn wythnos fe benderfynodd Phil adel i rai o'n prif wharaewyr ni ga'l sbel fach. Rodd llawer o'r bois wedi blino, a fi yn eu plith, felly mae'n bwysig 'yn bod ni'n gallu defnyddio wharaewyr y garfan ar adege fel hyn. Eto, er bod Connacht fel arfer yn ca'l ei ystyried fel y gwana o dime taleithiol Iwerddon ro'n ni'n ymwybodol iawn eu bod nhw eisoes wedi maeddu'r Gweilch y tymor hwn. Hefyd, y nhw ar y pryd 'ny odd ar frig Cynghrair Magners, felly ro'n ni'n disgwyl gêm galed arall.

Fel y digwyddodd hi, fe wharaeon ni'n dda iawn gyda llawer o'r hyn ro'n ni wedi bod yn ei roi ar waith ar y cae ymarfer ar y Strade yn talu ffordd y nosweth 'ny. Fe sgoron ni bedwar cais, a ninne'n llwyddo i whare rygbi ymosodol o'r whare gosod, sy wastad yn deimlad braf iawn. Yn ogystal, pan fydde'r whare'n ca'l ei atal gan dacl neu sgarmes fe ddangoson ni 'yn bod ni wedi dysgu wrth 'yn camgymeriade o gwmpas ardal y dacl yn y gêm yn erbyn y Dreigiau.

O'n rhan i'n bersonol ro'n i'n falch iawn o 'mherfformiad ar y Sportsground y nosweth 'ny. Fe lwyddes i gico saith mas o saith a hynna mewn gwynt eitha lletwith. Er 'mod i wedi cico'n weddol mor belled yn ystod y tymor ro'n i'n gw'bod ynddo i'n hunan nag o'n i ddim wedi bod yn taro'r bêl yn hollol iawn. Ro'n i'n teimlo, o'r diwedd, bod popeth wedi dechre clico yn Galway.

Ond er mor llwyddiannus odd yr ymweliad â Gorllewin Iwerddon chawson ni ddim cyfle i fwynhau'r croeso arferol sy i'w ga'l yno. Mae trac rasio milgwn o gwmpas y cae ac fe ddechreuon nhw arni'n syth wedi i'r gêm orffen. Fe fuon ni'n edrych ar un neu ddwy o'r rasys ond do'dd dim cyfle 'da ni i drio ennill ffortiwn fach oddi ar y bwcis. Felly, fe ethon ni 'nôl i'r gwesty ar unwaith ac i'r gwely'n weddol gynnar – ro'n ni'n hedfan 'nôl i Gaerdydd am 6.30 y bore wedyn.

Sgarlets 33 Leinster 21
Cynghrair Magners, Nos Sadwrn, 23 Medi

Mae Eddie O'Sullivan, hyfforddwr tîm cenedlaethol Iwerddon, yn gofyn i wharaewyr y tîm hwnnw beidio â whare i'w time taleithiol tan ar ôl gême rhyngwladol yr hydref. Mae hyn yn rhoi cyfle iddyn nhw ganolbwyntio ar ffitrwydd heb y perygl o ga'l anafiade fydde'n rhwystr i baratoade'r tîm cenedlaethol. O ran perfformiad y tîm hwnnw, rai wythnose'n ddiweddarach, rodd e'n sicr yn bolisi na'th dalu ffordd.

O ran clybie taleithiol Iwerddon rodd hi'n gyfle i ddod â bois ifenc i mewn i'r tîm i fagu profiad ar y lefel ucha. Galle hyn fod yn fanteisiol iawn i'r tîme yn y pen draw, pan na fydd y wharaewyr mwya profiadol ar ga'l. Bydd hyn yn digwydd oherwydd galwade Pencampwrieth y Chwe Gwlad, neu oherwydd bod y straen corfforol o whare cyment o gême caled yn dechre dweud erbyn wythnose ola'r tymor a bod anafiade 'da nifer o'r garfan. Does dim dwywaith bod llawer i'w ddweud dros bolisi o'r fath. Ond, o'n rhan i'n bersonol, fe fyddwn i'n ei chael hi'n anodd iawn bod yn yr eisteddle am wythnose ar ddechre tymor gan gico'n sodle wrth edrych ar y bois erill yn whare. Rwy'n un sy'n moyn whare rygbi drwy'r amser, heblaw bo fi ddim yn holliach neu bo fi ddim yn teimlo'n ddigon siarp oherwydd bo fi wedi whare sawl gêm mewn cyfnod byr.

Felly, pan dda'th Leinster i'r Strade do'dd llawer o'u wharaewyr rhyngwladol nhw ddim yno, ac ro'n nhw wedi colli eu tair gêm gynta yng Nhynghrair Magners. Serch hynny, ro'n nhw'n dal yn dîm peryglus ar bapur, gyda sawl enw cyfarwydd yn eu plith, fel Dennis Hickey, Guy Easterby, Felipe Contemponi, a Chris Whittaker. Ond fe wharaeon ni'n arbennig o dda unwaith 'to, gan sgori pedwar cais yn y chwarter awr cynta, yn dilyn symudiade cyffrous ac ennill pwynt bonws yn ogystal. Aeth popeth fel watsh, a dweud y gwir, gyda'r trafod o'r safon ucha wrth i'r olwyr a'r blaenwyr gyfuno'n ardderchog. Yn wir, fe allwn i ddychmygu, tasen ni'n whare gartre ar un o gaeau Ffrainc, y basen i'n clywed y dorf yn gweiddi *Allez les Rouges* y noswaith 'ny. Ro'n i'n eitha hapus gyda safon 'y nghico, a finne'n llwyddo gyda dau drosiad a thair cic gosb, ond yn methu gyda dau drosiad arall.

GÊMAU'R DDAU GWPAN, FIS HYDREF

Sgarlets 26 Harlequins 7
Cwpan EDF, Dydd Sul, 1 Hydref

R ODD Y GÊM Y tro 'ma ar brynhawn Sul ond a dweud y gwir does dim tamed o ots 'da fi pryd na pha ddiwrnod y byddwn ni'n whare. Yn Ffrainc fe fydden ni'n whare weithie am 9.30 ar nos Sadwrn, ond rwy'n eitha balch nag yw'r syniad 'na wedi cydio draw fan hyn!

Mae cystadleueth Cwpan EDF wedi ei hychwanegu at gême prif glybie Lloegr a Chymru, yn benna fel ffordd o ennill mwy o arian i'r clybie. O ran ei phwysigrwydd i'r clybie hyn mae'n dod ymhell ar ôl Cystadleueth Heineken, Pencampwrieth y Prif Glybiau yn Lloegr a Phencampwrieth Cynghrair Magners yng Nghymru. O ganlyniad anaml y bydd time Lloegr yn dewis eu time gore, yn enwedig pan fyddan nhw'n whare oddi cartre, yn y gystadleueth yma. Gyda'r clybie'n whare cyment o gême mewn tymor bellach mae'n anodd iddyn nhw roi'r un pwysigrwydd i bob cystadleueth. Felly, unwaith eto, er mawr siom i'r cefnogwyr mae'n siŵr, tîm cymharol wan odd 'da'n hymwelwyr ni pan ddethon nhw i'r Strade. Falle bod hynny wedi ca'l effeth ar 'yn hawch ni at y gêm, achos rodd 'yn perfformiad ni ar y diwrnod yn ddigon siomedig, er bod y sgôr yn awgrymu falle 'yn bod ni wedi ca'l buddugolieth weddol hawdd.

Ar y dydd Llun fe es i lan i aros am dri diwrnod yng Ngwesty'r Vale ar bwys Caerdydd, yn un o 32 o wharaewyr yng ngharfan Cymru, er mwyn dechre paratoi ar gyfer gême rhyngwladol yr hydref. Ro'n nhw'n ddiwrnode bishi iawn gyda llawer o sylw'n ca'l ei roi gan y tîm hyfforddi i sgilie, tactege, patryme whare, patryme byta a diet, a hefyd buon ni'n dadansoddi dullie whare tîm Awstralia, 'yn gwrthwynebwyr cynta ni. Ond rodd 'na gyfle i ymlacio rhywfaint – er enghraifft, fe geson ni gystadlueth tenis bwrdd frwd iawn, a finne'n ca'l siom fawr o golli i Mike Phillips yn y rownd derfynol.

Newcastle 25 Sgarlets 9
Cwpan EDF, Nos Wener, 6 Hydref

Ar y dydd Iau cyhoeddwyd mai wharaewr gore'r mis yn y Cynghrair Magners yng Nghymru odd 'yn canolwr ni, Regan King, ac rodd e'n llwyr haeddu'r wobr. Dw i ddim wedi whare gyda neb sy'n gallu neud i'r gêm edrych mor hawdd. Mae e'n rhoi'r argraff nad yw e byth o dan bwyse: yn gallu cymryd y bêl mor gynnar iddi ddwylo, yn ochorgamu mor rhwydd, yn newid cyfeiriad ei redeg mor ddidrafferth ac yn ymwybodol iawn o'r hyn sy'n digwydd o'i gwmpas e. Felly, gallith e weld bwlch yn gloi iawn ac mae e'n amseru ei bas yn berffaith. Mae hi'n bleser ca'l whare gydag e.

Y bore hwnnw da'th tîm y Sgarlets lan i'r Vale i ymarfer cyn i ni hedfan i Newcastle yn y prynhawn. Alle neb ffindo bai arnon ni o ran y ffordd nethon ni baratoi ar gyfer y gêm ond rodd 'yn hagwedd meddwl ni wrth fynd ar y cae y nosweth 'ny'n hollol rong, ac fe geson ni stwffad! Rodd Newcastle wedi ca'l tymor siomedig iawn cyn hynna a ninne wedi bod yn neud yn eitha da, felly dyma ni'n neud y camgymeriad o feddwl bod y gêm yn mynd i fod yn un fach rwydd. Fe wharaeon ni rygbi pert ond ethon ni i mewn i'r gêm fel 'tasen ni'n mynd i whare saith bob ochr ar y tra'th. Rodd hi'n wers berffaith o ran dangos beth sy'n gallu digwydd wrth whare gêm, pan nad yw'r meddwl ar waith, er bod y corff yn iawn.

Tua'r cyfnod hwn rodd 'na dipyn o sôn wedi bod yn y wasg a'r cyfrynge am yr ansicrwydd ynghylch dyfodol y Sgarlets ac am y pryder na fydde gan y clwb ddigon o arian i barhau os na fydde'r cynllunie i werthu'r Strade yn mynd yn eu blân. Galla i ddweud yn bendant na chafodd hynna effeth ar 'y ngêm bersonol i a dw i'n siŵr na chafodd e ddylanwad ar y bois erill, chwaith. Ro'n i'n ffyddiog y bydde swyddogion y clwb yn siŵr o ga'l ateb i'r broblem yn y pen draw. Felly, do'dd hi ddim yn bosibl defnyddio hynna fel esgus am 'yn perfformiad ni yn erbyn Newcastle.

Fel mae'n digwydd, ar y fainc o'n i ar gyfer y gêm er i fi orfod whare am ryw hanner awr. Eto, do'dd dim ots 'da fi achos ro'n i'n sylweddoli bod yn rhaid i Phil roi cyfle i ni orffwys rhywfaint o ganlyniad i'r holl gême rodd y tîm wedi 'u whare'n ddiweddar. Ac fel rhan o'r polisi 'ymlacio' ar ôl mis digon trwm, rodd trefniade wedi ca'l eu neud i ni ga'l aros lan yn Newcastle ar y nos Wener a'r nos Sadwrn.

Rodd y cyfnod sych, di-alcohol wedi dod i ben hefyd, felly nethon ni gymryd y cyfle i fynd i lawr i'r dre ar y nos Sadwrn i ga'l pryd o fwyd a chwpwl o beints a joio. Rodd y ffaith bod 'da ni bythefnos cyn 'yn gêm nesa yn rheswm arall pam y ceson ni fwynhau penwythnos yn Newcastle a hefyd pam y penderfynodd Phil roi cwpwl o ddiwrnode bant i ni wedi i ni gyrradd gartre.

Fe ges i gyfle felly i fynd i weld rhai o'r teulu ac i whare rhywfaint o golff, achos ar y foment mae 'na dipyn o fynd ar y golff ymhlith bois y clwb. Ar gwrs newydd, ardderchog Machynys, ar bwys Llanelli, y bydda i'n whare fwya, fel arfer gyda Dwayne (Peel) a Garan (Evans), sy dipyn gwell na Dwayne a fi, ac yn whare oddi ar 10. Yn wir, y gred ymhlith y bois yw ei bod hi'n well 'da Garan whare golff na rygbi!

Yr wythnos gynt rodd Dwayne a fi wedi bod yn bartneried mewn cystadleueth rhwng y Clybiau Rhanbarthol, wedi ei threfnu gan Richard Harry, swyddog Cymdeithas Chwarewyr Undeb Rygbi Cymru. Y Gleision enillodd, gyda Scott Morgan a

Mark Stcherbina yn serennu, er bod 'na le i gredu bod *handicap* y naill a'r llall braidd yn amheus! Beth bynnag, fe gafodd Dwayne a finne rywfaint o gysur wrth ennill 'yn gêm arbennig ni yn erbyn Kevin Morgan a Ceri Sweeney o dîm y Dreigiau, ar y twll ola.

Ond rodd y toriad 'na o bythefnos cyn y gêm nesa'n gyfle hefyd i fi fynd i mewn i'r *gym* yn y Strade i drio gwella safon 'yn ffitrwydd i. Fel mae'r tymor yn mynd yn ei flân mae hi'n gallu bod yn anodd cynnal safon y ffitrwydd. Gan fod rhywun yn ca'l ambell i gnoc ac ambell i glais ymhob gêm bydd hi'n aml yn anodd gweithio ar yr offer codi pwyse am rai dyddie wedyn. Felly, rodd 'da fi gyfle da i drio neud yn siŵr bod y corff a'r meddwl yn ffres ar gyfer y gême nesa.

Gwyddelod Llundain 25 Sgarlets 32
Cwpan Heineken, Nos Wener, 20 Hydref

Dyw hi byth yn hawdd mynd i Loegr a maeddu un o'r prif glybie 'na, ond ro'n ni fel tasen ni'n gw'bod cyn y gêm bo ni'n mynd i neud yn dda yn erbyn Y Gwyddelod Yn Llundain, gan sylweddoli hefyd pa mor bwysig odd hi i ga'l canlyniad da i agor Cystadleueth Cwpan Heineken ar gyfer 2006-7.

Yn ystod y dyddie cyn pob gêm, fe fydd y tîm hyfforddi'n ca'l y dyfarnwr rhyngwladol Nigel Owens i ddod i mewn aton ni er mwyn rhoi proffil o ddyfarnwr 'yn gêm nesa i ni. Hynny yw, rhoi gw'bod i ni a yw'r dyfarnwr hwnnw'n un sy'n lico trafod gyda'r wharaewyr fel mae'r gêm yn mynd yn ei blân; a yw e'n debyg o weiddi gair o rybudd cyn penderfynu rhoi cic gosb, ynte a fydd e'n cosbi'n syth; odi e'n debyg o roi cic gosb yn syth os na fydd wharaewr yn rholio i ffwrdd oddi ar y bêl ar y llawr; shwd mae e'n debyg o ddyfarnu ardal y dacl, ac yn y blân.

Mae Nigel, whare teg iddo, yn gyfarwydd â holl nodweddion y gwahanol ddyfarnwyr dosbarth cynta ac yn barod iawn i rannu'r wybodeth gyda ni. Yna, am ryw 20 munud fe fyddwn ni fel tîm yn ca'l sesiwn o rygbi go iawn, gyda Nigel yn sefyll yn y manne y bydde fe'n disgwyl i ddyfarnwr 'yn gêm nesa sefyll gan ddyfarnu'r gêm yn y ffordd y bydde hwnnw'n debyg o wneud.

Yn anffodus, yn hwyr iawn yn y dydd, fe gafodd y dyfarnwr ar gyfer 'yn gêm ni'n erbyn Gwyddelod Llundain, Cristophe Berdos, ei newid, gyda Romaine Poite, Ffrancwr arall, yn cymryd ei le, a ninne heb baratoi ar ei gyfer e. Ond rodd ryw gysur i'w ga'l o'r ffaith 'yn bod ni'n weddol gyfarwydd â'r patrwm Ffrengig o ddyfarnu gêm, beth bynnag. Yn y stafell newid cyn y gêm fe gyhoeddodd y capten, Simon Easterby, bod un cyfrifoldeb arbennig ar 'y nghyfer i. "Lads," medde fe, *"as you know we've got a French ref tonight, who won't perhaps be able to speak English very well. But of course, we've got a fluent French speaker in Stephen here, so, if there are any problems, get him to sort them out"*!

'Na 'r peth dwetha o'n i ishe 'i glywed. Rodd digon ar 'y mhlat i jest wrth feddwl am y gêm heb sôn am drio sorto probleme iaith wharaewyr erill. Fe ges i achos i ga'l ambell air mewn Ffrangeg gyda Monsieur Poite a thrwy lwc rodd hi'n ymddangos ei fod e'n deall. Un peth odd yn ei neud hi'n haws odd iddo ddyfarnu'n arbennig o dda.

Mae Stadiwm Madejski yn lle gwych i whare rygbi, gyda wyneb y cae fel lawnt fowlio, sy'n siwtio'n ffordd ni o whare i'r dim. Ac fe fanteision ni ar 'ny yn ystod y 60 munud cynta, gan sgori 4 cais, gan gynnwys un wych gan Mark Jones, a minne'n trosi bob un heblaw am un ac yn cico dwy gôl gosb. Ond fe ethon ni i gysgu tua diwedd y gêm gan adel i'r Gwyddelod sgori tri chais. Eto i gyd, rodd hi'n wych ca'l gadel Llundain gydag uchaswm o 5 pwynt yn y gystadleueth. Rodd hi'n braf iawn hefyd gweld Dafydd James yn sgori ei bumed cais ar hugain yng Nghystadleueth Heineken, mwy nag mae unrhyw wharaewr arall wedi neud hyd yma.

Rodd llawer o sôn wedi bod yn y wasg a'r cyfrynge ynglŷn â phwy fydde Gareth Jenkins yn ei ddewis i fod yn gapten tîm Cymru ar gyfer gême'r hydref, a thu hwnt, falle. Rodd e wedi ca'l gair gyda fi rhyw wythnos ynghynt, a gydag Alfie (Gareth Thomas) hefyd rwy'n deall. Dwedodd e wrtha i ei fod e ishe neud yn siŵr na fydde'r gaptenieth yn ca'l effeth ar safon 'yn gêm bersonol i a hefyd rodd e am i fi sylweddoli faint o bwyse sy o dderbyn y swydd. Fe wedes i wrtho y bydden i'n ei hystyried hi'n anrhydedd fawr petawn i'n ca'l 'y neud yn gapten a 'mod i'n meddwl y gallen i ddelio â phwyse'r swydd yn iawn.

Ar y dydd Mawrth wedi i ni ddod 'nôl o Lundain, sef Hydref 24, da'th Gareth Jenkins i lawr yn unswydd i'r Strade, ar ddiwedd 'yn sesiwn ymarfer ni, i ddweud wrtha i mai y fi fydde capten newydd tîm Cymru. Yn anffodus ro'n i wedi ca'l anaf bach i 'nghefen yn yr ymarfer ac wedi mynd gartre'n gynnar. Ond fe ges i alwad ffôn ganddo'r nosweth 'ny ac ro'n i wrth 'y modd. Cyn hir ro'n i wedi derbyn neges destun gan Alfie yn 'yn llongyfarch i, gan ddymuno'n dda i fi fel capten ac yn cynnig ei gefnogeth a'i gymorth i fi. Fe ychwanegodd ei bod hi'n bwysig bod tîm Cymru yn symud mlân yn awr ar ôl cyfnod anodd iawn. Ro'n i'n gwerthfawrogi'r neges honno'n fawr iawn ac yn gw'bod y gallwn i ddibynnu'n llwyr ar Alfie.

Er gwaetha rhybuddion Gareth Jenkins am y pwyse fydde'n gysylltiedig â'r swydd fe ges i sioc anferth o weld faint o bobol odd yng nghynhadledd y wasg y diwrnod wedyn. Yn gynnar y bore 'ny rodd Swyddog Cysylltiadau Undeb Rygbi Cymru, Simon Rimmer, wedi gyrru lawr i Lanelli er mwyn mynd â fi lan i Gaerdydd i'r gynhadledd, gan fanteisio yn ystod y daith ar y cyfle i 'mharatoi i ar gyfer y math o gwestiyne y bydden i'n debyg o orfod eu hateb – yn enwedig cwestiyne negyddol eu naws yn cyfeirio at anwstere'r gorffennol – ac fe ges i un neu ddau o'r rheiny! Fe atebes i mor onest ag y gallen i ond rodd hi'n neis i ga'l y cyfan drosodd, am y tro.

Sgarlets 21 Ulster 15

Cwpan Heineken, Nos Wener, 27 Hydref

Mae Ulster, wrth gwrs, yn un o'r time gore, mwya effeithiol ym Mhrydain. Ro'n ni eisoes wedi colli iddyn nhw yng ngêm gynta'r tymor yng Nghynghrair Magners mas yn Ravenhill. Eto, do'n i ddim yn meddwl y nosweth 'ny bo nhw gyment â hynny'n well na ni, felly ro'n ni, fel tîm, yn benderfynol o neud yn well y tro 'ma. Rodd y gêm yn rhyw fath o garreg filltir i fi'n bersonol – 'yn hanner canfed gêm i yn y crys sgarlad yng Nghystadleueth Cwpan Heineken. Rwy i wrth 'y modd yn whare yn yr Heineken a does dim amheueth 'da fi taw honno yw'r gystadleueth rygbi ore ohonyn nhw i gyd, y tu fas i'r maes rhyngwladol.

Fe ddechreuson ni'n ddigon da yn erbyn Ulster, ond yn esgeulus hefyd, achos fe gollon ni'r bêl ddwywaith ar ôl croesi 'u llinell nhw. Fe sgoron ni ddau gais, a finne'n trosi un ohonyn nhw ac fe lwyddes i gyda 3 cic gosb. Ond llwyddon ni ddim i fynd ddigon ar y blân i ganiatáu i ni whare'r math o gêm agored ry'n ni'n lico neud. Mae Ulster yn dîm fydd ar eich gwar chi drwy'r amser os na allwch chi gymryd eich cyfleon i estyn eich mantes. A gyda'r hen ben David Humphries yn cico mor effeithiol, o'r dwylo yn ogystal ag am y pyst – fe lwyddodd e gyda 5 gôl gosb – ro'n nhw o fewn cyrradd i ni drwy'r gêm. Eto fe ddalon ni mlân am fuddugolieth ardderchog i'n cadw ni ar frig y grŵp.

Ar ôl y gêm ro'n i wedi neud trefniade i gwrdd â 'mrawd, Marc, sy ychydig bach yn henach na fi ac yn darlithio ym Mhrifysgol Stafford. Rodd e wedi dod lawr gyda rhai ffrindie – ac un ohonyn nhw'n dod o Ulster, felly geson ni dipyn o sbort wedyn wrth dynnu 'i goes e.

GÊMAU RHYNGWLADOL YR HYDREF

Cymru 29 Awstralia 29

Stadiwm y Mileniwm, Dydd Sadwrn, 3 Tachwedd

FE DREULIES I'R WYTHNOS wedyn gyda thîm Cymru yng Ngwesty'r Vale, yn paratoi ar gyfer gêm y dydd Sadwrn hwnnw'n erbyn Awstralia – y gynta o beder gêm ryngwladol odd 'da ni ym mis Tachwedd. Rodd 'na wahanieth mawr y tro 'ma gan 'y mod i nawr yn gapten. Rodd 'na dipyn o bwyse arna i i ateb galwade'r wasg a'r cyfrynge, i fynd i gyfarfodydd gyda'r hyfforddwyr ac i fod yn bont rhwng y wharaewyr â'r tîm hyfforddi.

Fe benderfynes i, gan ddilyn trefn odd yn bodoli yn y garfan ers tro, ddewis Martyn Williams, Duncan Jones, Jonathan Thomas a Dwayne Peel i fod yn aelode o bwyllgor y wharaewyr hŷn. Rodd hi'n bwysig, nid yn unig i ga'l cynrychioleth o'r gwahanol safleoedd ar y pwyllgor 'ny, ond i ga'l bois odd yn barod i ddweud eu barn yn onest. Fe fydden ni'n cwrdd bob dydd i ddechre, gan fod yr hyfforddwyr yn awyddus i ga'l gw'bod 'da ni beth odd barn pawb am y sesiyne ymarfer. Fe nethon ni gais ar ran y bechgyn am ga'l cynnal y sesiyne amddiffyn yn y bore gan eu bod nhw'n teimlo eu bod nhw'n siarpach adeg 'ny o'r dydd.

Does dim *perks* arbennig wrth fod yn gapten chwaith, dim hyd yn oed ca'l stafell i fi'n hunan yn y Vale. Yr unig rai sy'n ca'l bod ar eu penne eu hunen yw'r bois sy'n chwyrnu'n ddrwg, fel Dafydd Jones. Er bod 'na le i gredu taw fe ei hunan sy wedi dechre'r stori 'i fod e'n chwyrnwr, jest er mwyn iddo ga'l ei stafell ei hunan! 'Sdim dal pwy sy'n rhannu gyda phwy ac mae'r drefen yn newid o wythnos i wythnos. Ond mae'n arferiad i ga'l wharaewyr fydd mewn rhyw fath o bartnerieth gyda'i gilydd ar y cae i rannu stafell y noson cyn gêm. Felly cyn gêm Awstralia ro'n i a Dwayne yn rhannu'r un stafell.

Rodd pob aelod o'r garfan yn hollol gyfarwydd â'r ffordd rodd Awstralia wedi bod yn whare yn ystod eu gême diweddar oherwydd bod yr holl wybodeth, ar ffurf ffilm neu ystadege, ar ga'l ar gyfrifiadur pen-glin pob wharaewr. Buon ni'n astudio'r nodweddion perfformiad allweddol yn fanwl – mae *key performance indicators* yn rhan gyfarwydd o jargon y byd hyfforddi erbyn hyn. Er enghraifft, pa mor aml oe'n nhw'n whare oddi ar gefen y lein? Pa mor aml oe'n nhw'n lledu'r bêl ac ym mha ranne o'r cae fydden nhw'n neud 'ny?

Fel rhan o'r paratoade hefyd fe fu'r dyfarnwr rhyngwladol Huw Walters gyda ni er mwyn dadansoddi arddull Steve Walsh o Seland Newydd, sef dyfarnwr y gêm yn erbyn Awstralia, gan dynnu'n sylw'n arbennig at yr agwedde ar y whare rodd e'n debyg o'u cosbi amla.

Do'dd 'yn gwaith paratoi ni ar y cae ymarfer ddim wedi bod mor drylwyr ag y bydden ni wedi lico oherwydd bod effeithie'r gême Cwpan Heineken y penwythnos cynt wedi'n rhwystro ni rhag ca'l ymarfer fel tîm tan y dydd Mawrth cyn y gêm. Dim ond un ymarfer arall fel tîm geson ni, sef yr ymarfer ola arferol, y diwrnod cyn y gêm yn y Stadiwm. Rodd Awstralia, ar y llaw arall, newydd orffen eu tymor gyda Chystadleueth y Tair Gwlad ac wedi ca'l cyfle ardderchog i ddatblygu fel tîm. Wedi hynny fe fuon nhw gyda'i gilydd am wythnos neu ddwy yn Awstralia er mwyn paratoi ar gyfer taith yr hydref. Felly ro'n nhw'n barod amdanon ni.

Bore'r gêm fe godes i, fel arfer, tua naw o'r gloch a mynd i lawr i ga'l brecwast o *cereal*, ffrwythau a iogwrt. Mae 'na rai ystyriaethe meddygol sy'n gofyn am sylw, er enghraifft, mae 'na electrolytau, sef tabledi atal cramp, ar y bwrdd brecwast i ni ga'l eu cymeryd nhw. Hefyd mae gofyn i ni gymryd prawf poer a phrawf dŵr fel bod y tîm meddygol yn gallu neud yn siŵr nad yw'r corff ddim wedi colli gormod o ddŵr.

Ar ôl sgwrsio am ychydig gyda phwy bynnag o'r bois sy'n digwydd bod yn ca'l brecwast ar y pryd fe fydda i fel arfer yn mynd yn ôl i'n stafell er mwyn rhoi 'y meddwl ar y gêm. Does dim dyletswydde arbennig 'da fi fel capten ar fore'r gêm a chan fod cyment o fwrlwm o gwmpas gwesty'r Vale, gyda chynifer o ddigwyddiade corfforaethol yn ca'l eu cynnal yno, mae'n bwysig i fi ga'l rhywle tawel i ymlacio a pharatoi'n feddyliol.

O ddiwedd y bore mlân mae'n fater o ddilyn rwtîn. Cinio gyda gweddill y garfan yn y gwesty rhyw dair awr cyn y gêm, anerchiad byr gan Gareth am yr hyn sy o'n blaene ni ac yna i mewn i'r Stadiwm ar y bws, gyda cherbyde'r heddlu'n arwain y ffordd. Rwy i wrth 'y modd yn neud y siwrne arbennig honno, yn enwedig pan fyddwn ni'n nesáu at ganol y ddinas. Mae symud gan bwyll bach trwy'r cannoedd ar gannoedd o gefnogwyr yn eu coch a rheiny'n bloeddio eu dymuniade gore ar hyd Ffordd y Gadeirlan, Stryd y Castell a Stryd Westgate, yn rhoi gwefr arbennig i fi bob tro. Fe fydd y bws yn mynd â ni i waelodion y Stadiwm ac fe fydda i, a'r rhan fwya o'r wharaewyr, yn anelu'n syth am y stafell newid.

Ar ddechre pob ymgyrch gême rhyngwladol fe fydd y bechgyn yn ethol 'swyddogion' o blith y bois i fod yn gyfrifol am amrywieth o bethe fel, trefniade golchi dillad, dirwyon ac adloniant. Yn ystod yr ymgych arbennig yma Gethin Jenkins sy'n gyfrifol am yr adloniant ac un o'i ddyletswydde fe yw darparu cerddorieth sy at ddant y bois yn y stafell newid – does dim byd gwath na stafell newid dawel cyn y gêm. Gan ei fod e wedi bod yn 'yn holi ni'r bois ynghylch shwd gerddorieth o'n ni ishe yn y stafell newid ro'n i'n falch darganfod bod seinie 'yn newis i, sef 'Why I don't know', cerddoriaeth dawnsio 'up-beat', yn mynd i fod yn rhyw gysur bach i fi yno.

Mae digon o hwyl i'w ga'l ymhlith y bois – yn enwedig pan fydd siort Tom Shanklin, gyda'i hiwmor arbennig o sych, yn mynd trwy'i bethe, hyd yn oed ar adege pan mae tensiyne'r achlysur yn effeithio ar y rhan fwya ohonon ni. Ar ôl hala ychydig o amser yn darllen rhaglen y gêm fe fydda i'n newid ar gyfer mynd mas ar y cae i ymarfer cico am ryw hanner awr. 'Nôl wedyn i'r stafell newid a gwisgo ar gyfer y gêm.Wrth neud 'ny, does 'da fi ddim trefen arbennig nag unrhyw ofergoelieth rwy'n gorfod ei dilyn. Fe 'nes i benderfyniad yn gynnar yn 'y ngyrfa i osgoi dilyn arferion fel yna, rhag i fi fynd yn rhy gaeth iddyn nhw. Yna, cyfle i ga'l gair bach gyda'r bois cyn bo ni'n mynd mas ar y cae.

Ond, wrth gwrs, fues i ddim ar y cae'n hir iawn. Ar ôl rhyw whech muned fe ges i ddolur i'r gewyn canol yn y ben-glin dde. Wedi i fi gwympo wrth neud tacl dyma rywun yn hyrddio drosta i er mwyn trio bwrw un o wharaewyr Awstralia mas o'r ffordd, gan fynd â 'nghoes i gydag e a'i throi hi'n gas. Ro'n i'n gw'bod ar unwaith 'mod i wedi ca'l anaf drwg er i fi drio cario mlân am ychydig. Yn ystod toriad yn y whare fe roies i neges i un o'r tîm meddygol 'mod i'n mynd i weld shwd fydde'r ben-glin am ychydig o funude ond 'mod i'n ofni y bydde'n rhaid i fi ddod bant o'r cae ac felly y buodd hi.

Ro'n i mor siomedig. Tan hynny ro'n i wedi bod yn hapus dros ben ynglŷn â'r ffordd rodd y tymor wedi mynd ers dod 'nôl o Ffrainc ac wedi edrych mlân cyment at gynrychioli Cymru unwaith eto, yn enwedig am 'mod i'n gapten ar y tîm. Es i'n syth o'r cae i'r stafell newid lle na'th y tîm meddygol archwiliad cyflym o'r goes. Fe ddethon nhw i'r casgliad, ar sail yn benna pa mor gyfyng odd symudiad y ben-glin, fod 'da fi ddolur Gradd Un i'r gewyn canol ac na fyddwn i'n whare rygbi am ryw dair wythnos i fis. Fe nethon nhw bacio iâ am y ben-glin, gan ddweud mai dyna fydde'r unig drinieth ar ei chyfer hi, yn ogystal â gorffwys, yn ystod y 48 awr nesa.

Fe es i 'nôl i wylio'r gêm ac erbyn hynny rodd Cymru wedi dechre dod iddi ar ôl ugain munud o bwyso taer gan Awstralia. Rwy'n siŵr bod 'yn tîm hyfforddi ni'n ddigon ples â'r canlyniad ar y diwedd ac ar y gêm agored rodd y bois wedi trio'i whare. Eto rodd yr awyrgylch yn y stafell newid ar y diwedd braidd yn fflat gyda'r bois fel petaen nhw'n siomedig gyda'r canlyniad o ga'l gêm gyfartal. Disgrifiodd un o'r bois y profiad – "fel cusanu ei fam-yng-nghyfraith!"

Ar ôl newid a'th pawb lan i Lefel 5 yn y Stadiwm ar gyfer y derbyniad i'r ddau dîm, gyda'r ddau gapten a Llywyddion y ddwy Undeb Rygbi yn dweud gair. Yno, fe ges i gyfle o'r diwedd i ga'l sgwrs gyda'n cyn-hyfforddwr cenedlaethol ni, Scott Johnson, sy'n aelod bellach o dîm hyfforddi Awstralia. Mae 'da fi lot o barch i Scott fel hyfforddwr ac fel person ac rodd hi'n bleser ca'l cwrdd ag e unwaith eto. Yn anffodus, do'dd dim llawer o gyfle yno i gymdeithasu gyda thîm Awstralia achos rodd 'na ginio wedi ei drefnu 'nôl yn y Vale ar gyfer carfan Cymru a'u partneried, felly rodd yn rhaid i ni ruthro o'r Stadiwm – ond, wrth gwrs, do'dd dim lot o siâp rhuthro arna i!

Rodd y ben-glin yn eitha poenus ac wedi chwyddo tipyn yn ystod gweddill y penwythnos ond erbyn dydd Llun rodd y chwydd wedi lleihau. Bryd hynny, fe na'th y tîm meddygol asesiad arall a phenderfynu y dylwn i ddechre sesiyne ffisiotherapi dair neu beder gwaith y dydd. Yn y cyfamser rodd gweddill y garfan mas ar y cae ymarfer ond do'n i ddim yn gallu bod gyda nhw, yn anffodus. Ond fel yr a'th yr wythnos yn ei blân ro'n i'n gallu cerdded yn weddol gyfforddus. Felly, fe ddechreues i fynd i'r stafell ffitrwydd i neud ymarferion ar gyfer rhan ucha'r corff a tharo draw weithie i weld y bois yn ymarfer. Yn wir ro'n i'n dechre meddwl y byddwn i'n whare eto ymhen fawr o dro. Ond er nad odd y ben-glin yn achosi problem wrth ei chadw hi'n syth eto rodd ei gwthio hi i'r naill ochr neu'r llall wrth drio troi arni'n dal yn boenus ofnadw. O ran 'y nghyfraniad i fel capten y cyfan y gallwn i ei neud odd bod yn bont rhwng y bois a'r tîm hyfforddi. Hynny yw, siarad â'r bois bob nos ac adrodd yn ôl i'r hyfforddwyr beth odd eu barn nhw ar wahanol agwedde ar y paratoade.

Er 'mod i wedi ca'l anaf fyddwn i ddim, beth bynnag, wedi ca'l 'y mhigo ar gyfer y gêm nesa, yn erbyn Ynysoedd y Môr Tawel, ddiwedd yr wythnos. Rodd Gareth a Nigel am ddefnyddio'r achlysur hwnnw i ga'l golwg ar y wharaewyr newydd ac fe nethon nhw 14 o newidiade i'r tîm wharaeodd yn erbyn Awstralia. Ar ddiwrnod y gêm, yn ôl yr arfer, ro'n i a bois erill y garfan nad odd yn whare, ar ddyletswydd gyda'r Noddwyr. Er mwyn neud hynny ro'n ni'n gorfod mynd i mewn i'r Stadiwm yn gynnar er mwyn treulio rhywfaint o amser gyda gwesteion rhai o'r noddwyr mewn rhyw bump o ystafelloedd croeso o gwmpas y maes.

Wharaeodd y bois yn dda iawn ac rodd pawb yn bles â'r fuddugolieth o 38-20. Rodd hi'n grêt gweld bois fel Ceri Sweeney a James Hook yn neud argraff gan danlinellu bod 'da ni garfan dalentog dros ben. Mae'n amlwg bod 'da ni nawr nifer fawr o wharaewyr sy'n gallu cystadlu'n deg am lefydd yn y tîm ac sy'n creu problem i'r dewiswyr y bydde sawl gwlad arall yn falch o'i chael. Yn dilyn y gêm fe es i'n syth gartre i Lan-y-fferi gan fod Gareth wedi rhoi'r dydd Sul bant i bawb gan ofyn i'r garfan ddod yn ôl at ei gilydd unwaith eto fore Llun. Fe hales i'r amser â 'nhrâd lan, gan orffwyso'r ben-glin cyment ag y gallwn i.

Pan nethon ni ailafel ynddi, mae'n amlwg 'mod i wedi trio dod 'nôl yn rhy gloi. Ro'n i wedi dechre rhedeg ychydig bach, mewn llinell syth, heb lawer o drafferth. Yna, fe dries i basio pêl, ac wrth basio rhaid troi rhywfaint ar y ben-glin ac rodd y boen yn ddychrynllyd. Ond erbyn hyn rodd rhaglen o ymarferion wedi ei pharatoi ar 'y nghyfer i, gyda'r pwysles ar drio cryfhau'r ben-glin.

Erbyn y dydd Gwener rodd hi wedi gwella'n syndod. Fe hales i'r bore hwnnw'n neud ymarferion ffitrwydd ac ystwythder gyda'r staff ffisiotherapi ac yna i mewn â phawb i'r Stadiwm ar gyfer y gêm yn erbyn Canada y noswaith 'ny. Enillon ni'n ddigon rhwydd, o 61 i 26, ac, er gwaetha'r ffaith bod sawl un o flaenwyr gore eu tîm nhw ddim yn whare, rodd 'na ymateb positif iawn i'r canlyniad. Rodd 'na ambell i wendid ond rodd 'na lawer mwy o agwedde calonogol i gêm Cymru. A dweud y gwir, o gofio 'yn bod ni'n whare Fiji a Canada yn rowndie rhagbrofol Cwpan y Byd, rodd canlyniade a pherfformiade'r tîm yn y ddwy gêm yn argoeli'n dda ar gyfer mis Medi nesa.

Cymru 10 Seland Newydd 45

Stadiwm y Mileniwm, 25 Tachwedd

Er bod aelode'r garfan unwaith eto wedi ca'l mynd gartre dros y penwythnos fe benderfynes i y bydde'n neud lles i fi taswn i'n mynd i mewn i'r Vale ar y dydd Sul er mwyn parhau â'r drinieth i'r ben-glin. Ddechre'r wythnos da'th y newydd 'mod i wedi ca'l 'y newis i whare yn erbyn y Crysau Duon ac ro'n i wrth 'y modd. Rodd y ben-glin yn well o lawer ond do'dd hi ddim yn gant y cant. do'dd hi ddim erbyn hyn yn 'yn rhwystro i rhag neud dim byd ond rodd ambell i symudiad yn dal yn boenus, yn arbennig pan o'n i'n mystyn y goes i'w heitha wrth gico. Ond ro'n i'n gw'bod nad o'n i ddim yn mynd i neud mwy o ddamej i'r ben-glin, a bo fi'n mynd i orfod byw gyda'r boen.

Mi ges i brawf ffitrwydd i brofi 'mod i'n iawn ar gyfer y dydd Sadwrn ac erbyn hynny rodd yr adrenalin yn 'y nghorff i'n drech na'r boen, gyment odd yr awydd i wynebu'r Crysau Duon. Eto, o edrych yn ôl, rodd whare'n gamgymeriad mawr ar 'yn rhan i. Do'n i ddim wedi ymarfer yn iawn ers tair wythnos nac wedi cico o gwbl yn ystod y cyfnod 'ny. O ganlyniad do'n i ddim mor siarp ag y byddwn i wedi lico bod.

Rodd yr wythnos yn arwain at y gêm fel ffair. Rodd 'da fi gyment o waith ymarfer gyda'r tîm yn ogystal â sesiyne ffisiotherapi cyson ar y ben-glin a chyfarfodydd rheolaidd, fel capten, gyda'r wharaewyr a'r wasg. Fe halon ni dipyn o amser hefyd, wrth gwrs, yn trio dadansoddi tactege'r Crysau Duon. Ar 'yn cyfrifiaduron pen-glin rodd 'da ni ffilmie o'r whech gêm ddiwetha ro'n nhw wedi 'u whare, gyda'r hyfforddwyr wedyn yn tynnu sylw at agwedde arbennig.

Rodd rhai'n weddol amlwg, ond cafodd y pethe lleia eu nodi hefyd – "Sylwch fod rhai o'u chwaraewyr yn aml yn methu'r dacl pan fydd eu hysgwydd dde'n arwain wrth daclo." Rodd hyn yn dangos gwaith mor drylwyr odd yn ca'l ei neud gan y tîm hyfforddi wrth ddadansoddi. Yn naturiol, fe fuon ni'n edrych ar gême'r Crysau Duon yn erbyn Ffrainc ychydig cyn iddyn nhw'n whare ni ac er bod Seland Newydd wedi whare'n wych yn y geme 'ny, rodd Ffrainc yn siomedig iawn. Felly, ro'n ni fel tîm yn edrych mlân yn hyderus at whare yn eu herbyn nhw.

Cyn dechre'r gêm fe ges i bigad i ladd y boen yn y ben-glin. Dim ond wedi i fi gymryd cic rodd y boen yn 'y mhoeni i, diolch byth. Ond rodd digon o bethe erill 'da fi i fecso amdanyn nhw am yr awr a hanner nesa. Fe na'th y Crysau Duon bethe'n anodd i ni o'r dechre, yn enwedig yn y ffordd ro'n nhw wedi trefnu eu hamddiffyn, yn arbennig yn ardal y dacl. Ro'n nhw'n gallu cadw eu pêl nhw'n gyffyrddus, ac ennill y bêl oddi arnon ni, a bydden nhw'n ei hailgylchu hi'n gyflym cyn i ni ga'l amser i aildrefnu 'yn hamddiffyn.

Rodd eu steil nhw o ymosod yn wych hefyd, wrth iddyn nhw gario'r bêl gyda'u breichie mas o'u blaene. Bydde hyn yn golygu mai y nhw odd yn rheoli unrhyw dacl ac y gallen nhw drosglwyddo'r bêl yn rhwydd a neud yr ailgylchu'n haws i'w hennill. Ro'n nhw hefyd, trwy hyn, yn osgoi'r trawiad benben (y 'big hit'), achos pan mae hynny'n digwydd gall y taclwr roi ei freichie amdanoch chi ac arafu'r bêl. Mae gofyn wedyn taflu mwy o ddynion i mewn i ardal y dacl er mwyn trio sicrhau'r meddiant, ond trwy neud hynny bydd llai o ddynion ar y tu fas a bwlch yn yr amddiffyn o ganlyniad.

Ro'n ni fel tîm yn siomedig iawn yn dod bant o'r cae y prynhawn 'ny ac yn folon cyfadde nad o'n ni wedi whare'n dda. Ond ro'n ni hefyd yn sylweddoli bod lot gyda ni iddi ddysgu. Ry'n ni'n gw'bod beth sy'n rhaid i ni weithio arno fe o hyn ymlân ac fe newn ni hynna. Mae 'da ni garfan ifanc sy'n gyfarwydd â gweithio'n galed ac, er bod y Crysau Duon yn ymddangos fel bo nhw'n whare'r gêm ar lefel uwch na ni, ry'n ni'n ffyddiog y gallwn ni gyrradd yr un lefel erbyn Cwpan y Byd.

Rodd hi'n grêt ca'l cyfle i siarad gyda Steve Hansen a Graham Henry ar ôl y gêm – dau mae 'da fi lot fawr o barch iddyn nhw. Rwy'n meddwl bod Graham Henry yn hyfforddwr gwych ac i Steve Hansen mae'r diolch, i radde helaeth, am y llwyddiant mae tîm rygbi Cymru wedi'i ga'l yn ystod y blynyddoedd diwetha. Rodd e, hefyd, yn hyfforddwr arbennig o dda ac yn un hawdd i fynd ato fe i drafod pethe. Fe fuodd e'n gyfrifol yn ogystal am ddangos i fois y garfan pa mor bwysig odd hi i barchu ac i gynnal gwerthoedd a safone oddi ar y cae rygbi.

Rodd Steve yn gyn-blismon ac falle mai'r dylanwad 'na odd yn gyfrifol am y ffaith ei fod e wedi dod â disgybleth newydd i'r garfan – rodd pawb i fod edrych yn deidi a gwisgo'r un cit, sef gêr Reebok, pan o'n nhw'n ymarfer. Bydde'n rhaid gwisgo crys â choler wrth i ni ddod at 'yn gilydd i fwyta. Rodd gyda ni stafell neilltuol ar gyfer cynnal cyfarfodydd tîm a bydde'n rhaid i honno ga'l ei chadw'n dwt – pe bydde rhywun yn gadel poteled o ddŵr ar ôl yno, yna bydde'n rhaid iddo dalu dirwy i gronfa'r Pwyllgor Dirwyon. Dirwy wedyn am barcio yn y lle anghywir yn y maes parcio yng Ngwesty'r Vale. Ond bod yn hwyr yn cyrradd rhywle fydde un o'r pechode fydde'n corddi Steve fwya.

Un o'r dirwyon mwya costus a osodwyd ganddo odd y £10 y bydde'n rhaid ei dalu gan unrhyw un fydde'n gadel iddi ffôn symudol ganu mewn cyfarfod. I fod yn deg rodd y staff hefyd yn gorfod cadw at reole Steve. Rwy'n cofio un tro pan ganodd ffôn Alan Phillips, Rheolwr y tîm, yn un o'r cyfarfodydd. Ynte wedyn yn trio ei ddiffodd cyn gynted ag y galle fe. Ynghanol ei embaras do'dd Alan ddim wedi sylweddoli bod ei ffôn e'n dal mlân pan sdwffodd e'r ffôn 'nôl iddi boced ac ymhen 20 eiliad rodd yn canu wedyn. Rodd y person na'th ei ffono fe y tro cynta wedi penderfynu trio ei ffono fe 'nôl. Felly mewn llai 'na hanner munud rodd y Rheolwr wedi ca'l dirwy o £20 heb symud o'i sêt!

'Nôl yn y Strade rodd Phil wedi penderfynu rhoi wythnos bant i fois carfan Cymru a whareodd ddwy gêm rhyngwladol neu ragor yn ystod y mis cynt, sef Alix, Dwayne, Mark, Mathew (Rees) a fi. Ro'n i'n gw'bod ar unwaith ble ro'n i ishe hala'n amser – 'nôl yn Clermont, felly bant â fi i Ffrainc. Fe es i i aros gyda'n hen ffrind Tony Marsh reit ynghanol y dre ac ro'n i'n edrych mlân am ychydig o ddyddie o ymlacio'n llwyr, a dyna fel y buodd hi. Fe ges i groeso gwych, o'r nosweth gynta ro'n i 'na, pryd da'th gwahoddiad i swper gan reolwr tîm Clermont, Neil McIlroy a'i deulu. Rodd hi mor braf dod i arfer unwaith eto a mwynhau'r ffordd Ffrengig o fyw, gyda'r pwysles arferol ar y pleser sy i'w ga'l yn nhai byta a *cafés* y dre.

Er y bydden nhw'n rhoi cant y cant i mewn iddi hymdrechion nhw ar y cae rygbi, eto i gyd mae bois Ffrainc yn feistri ar allu anghofio am y gêm wrth iddyn nhw fynegi eu *joie de vivre*. Fe fues i draw i'r clwb rygbi yno, wrth gwrs, lle rodd 'na hwylie arbennig o dda ar bawb. Ar hyn o bryd mae'r tîm yn ca'l tipyn o lwyddiant, ym Mhencampwrieth Ffrainc ac yng Nghystadleueth y Tlws Ewropeaidd, o dan hyfforddiant Vern Cotter, a dda'th yno o Canterbury Crusaders. Un peth o'n i'n eitha ples ag e odd bod 'yn Ffrangeg i wedi para'n eitha da, o styried mai'r unig ymarfer ro'n i wedi'i ga'l ers gadel Clermont, bron i whech mis ynghynt, odd sgwrs fach gydag ambell i ddyfarnwr o Ffrainc, ynglŷn â rhyw gic gosb neu gamsefyll.

Pan ddes i 'nôl fe ges i sioc wrth sylweddoli bod 'na dipyn o ddadle wedi bod, tra o'n i bant, pa un ai y fi neu James Hook odd y bachan i whare fel maswr i Gymru, yn enwedig gyda Chwpan y Byd ar y gorwel. Y rhai odd yn benna gyfrifol am godi'r ddadl odd y wasg, yn enwedig y *Western Mail*. Dyna un o'r pethe a'n synnodd i fwya pan ddes i 'nôl o Ffrainc ar ôl bod gyda Clermont am ddau dymor. Ro'n i wedi anghofio gyment odd y papure newydd yng Nghymru yn lico neud môr a mynydd o hanner stori. Yn lle ymffrostio a bod yn ddiolchgar bod gyda ni gyment o wharaewyr o safon sy'n gallu whare mewn safleoedd amrywiol, a hynna er lles y tîm yn y pen draw, mae'n well da'r papure ddechre cystadleueth a dadl hollol negyddol. Y ddadl y tro hyn odd pa un ai y fi neu James ddyle fod yn whare maswr dros Gymru.

Rwy'n sylweddoli bod yn rhaid i'r newyddiadurwyr hyn neud bywolieth ond rwy'n credu bod modd sgrifennu mewn ffordd llawer mwy positif am y gêm yng Nghymru. O'm rhan i'n bersonol dwi wedi bod yn whare'n ddigon hir i sylweddoli nad ydw i byth yn meddwl bo fi mewn cystadleueth â rhywun arall. Y cyfan sy'n bwysig i fi yw 'mod i'n ymarfer ac yn paratoi'n drylwyr, fel 'mod i'n hapus â'r ffordd rwy'n whare. Alla i ddim dylanwadu ar beth mae pobol erill yn meddwl amdana i fel wharaewr ond fe alla i drio neud yn siŵr bod 'y mherfformiade i'n cyrradd y safon angenrheidiol. Dyna sy'n bwysig i fi, sef 'mod i'n neud 'yn jobyn yn y ffordd ore y galla i... nage trio neud yn siŵr bo fi'n whare'n well na rhyw wharaewr arall.

CRASFA I TOULOUSE

Sgarlets 20 Toulouse 19

Cwpan Heineken, Dydd Sadwrn, 9 Rhagfyr

TRA O'N I YN Clermont fe fu bois y clwb rygbi yno'n dweud wrtha i y bydde'r Sgarlets yn cwrdd â Toulouse, yn y Cwpan Heineken, ar adeg fanteisiol iawn i ni, gan fod y Ffrancwyr newydd golli tir ym Mhencampwrieth Ffrainc. Ro'n i, wrth gwrs, wedi whare sawl gwaith yn eu herbyn nhw ac yn nabod rhai o fois Toulouse, fel Alfie a Yannick Nyanga, eu rhif 7 nhw. Rodd e'n ffrindie gydag un neu ddau o fois Clermont ac weithie fe fydde fe'n aros gyda nhw. Ro'n i'n gw'bod lle rodd eu cryfder nhw ond yn ystod y gwaith paratoi fe ddewisodd Phil ganolbwyntio am 90% o'r amser ar 'yn patrwm ni o whare yn hytrach na rhoi sylw iddi gêm nhw.

Fe geson ni ddechre arbennig o dda gan whare rygbi digon cyffrous a thwlu'r bêl amboiti, ond am ryw reswm fe ddethon nhw reit 'nôl i'r gêm. O'n i'n siomedig iawn gyda'r sgôr wrth i ni fynd i mewn i'r ail hanner – y ni odd wedi whare'r rhan fwya o'r rygbi eto i gyd dim ond o 13–12 ro'n ni ar y blân. I neud pethe'n wâth fe sgoron nhw gais arall yn syth ond fe ddethon ni 'nôl gyda chais gan 'yn capten Simon Easterby. Eto, fe fu bron i Toulouse fynd â hi tua'r diwedd, ond fe ffaelon nhw gyda sawl cynnig am y pyst, diolch byth! O'n rhan i'n bersonol ro'n i'n hapus gyda'r ffordd rodd y ben-glin wedi dod trwyddi a gyda 'mherfformiad cyffredinol i, ac yn falch 'mod i wedi gallu cyfrannu at y sgôr gyda dwy gôl gosb a dau drosiad. Yn wir, ar wahân i'r munude ola, fe 'nes i enjoio'r gêm yn fawr iawn.

Ar ôl y gêm fe benderfynodd un neu ddau o fois y Sgarlets bod 'da ni esgus da i ddathlu. Rhwng y fuddugolieth a'r ffaith i fi ga'l 'y mhenblwydd y diwrnod cynt, gallen ni anghofio am y rheol "dim cwrw" am unwaith er mwyn mynd â fi mas am beint bach. Fel arfer, ar achlysur fel'na, fe fyddwn ni'n mynd mas o Lanelli, i rywle fel Caerdydd. Er bod cefnogwyr Llanelli gyda'r gore y gallen ni eu ca'l ac er 'mod i'n lico ca'l cyfle i gwrdd â nhw, mae'n neis weithie gallu anghofio am drafod rygbi gyda chefnogwyr brwd – yn enwedig pan fyddwn ni'r wharaewyr mas yn cymdeithasu ac yn joio gyda'n gilydd neu gyda ffrindie. Mae gwell gobeth i hynny ddigwydd po bella'r awn ni o'r dre.

Toulouse 34 Sgarlets 41
Cwpan Heineken, Dydd Sadwrn, 16 Rhagfyr

Ro'n i'n whare yn erbyn Toulouse 'mhen wythnos, wedyn, wrth gwrs, y tro hwn ar eu tomen nhw. Mae hi bob amser yn anodd whare dwy gêm gefen wrth gefen â'i gilydd achos mae'n broblem trio dod â newidiade i batrwm whare'r wythnos gynt er mwyn drysu rhywfaint ar y gwrthwynebwyr.

Ro'n i'n gw'bod o brofiad bod Stade Ernest Wallon yn lle anodd iawn i whare ynddo fe, achos ro'n i wedi colli ddwy waith yno gyda Clermont yn ystod y blynyddoedd diwetha. Un o'r anawstere mawr mae'n rhaid i ymwelwyr ei wynebu yno yw'r gefnogeth frwd mae'r tîm cartre yn ei ga'l gan eu cefnogwyr. Mae rygbi'n bwysig iawn yn yr ardal ac rodd hi'n amlwg oddi wrth y papure lleol – y ces i gip arnyn nhw yn y gwesty ar ôl cyrradd ar y dydd Gwener – bod 'na ddisgwyl mawr y bydde Toulouse yn rhoi crasfa i ni, petai dim ond i ddial am ganlyniad yr wythnos gynt ar y Strade. Buodd colli i ni'n ergyd drom iawn iddi clwb nhw a'u cefnogwyr. Fe ddarllenon ni hefyd bod rhai o'u sêr arferol nhw, fel Yannick Jauzion, ac Alfie, ddim yn gallu whare oherwydd anafiade.

Ar ôl swper yn y gwesty yng nghanol y dre fe benderfynodd Dwayne a finne fynd am wâc fach draw i'r sgwâr. Rodd 'na awyrgylch arbennig yno gyda mynd mawr ar stondine'r Ffair Nadolig. Llawer o bobol yn ymwybodol 'yn bod ni yno ar gyfer y gêm y diwrnod wedyn gan 'yn bod ni'n gwisgo siacedi'r Sgarlets ac yn dymuno *Bon Match demain* i ni. Ro'n i wedi bod yn brago wrth Dwayne pa mor ffein odd y *vin chaud* – y gwin coch, twym traddodiadol. Rodd e'n boblogaidd iawn yn Clermont, yn arbennig yn ystod y gaea.

Felly, dyma anelu am un o'r stondine a pherswado Dwayne iddi dasto fe. Mae'n amlwg bod 'na *vin chaud*... a *vin chaud*, achos rodd hwnnw ar sgwâr Toulouse yn tasto fel moddion sur! Fe fu'n rhaid i ni ruthro draw i *gafé* ar bwys er mwyn trio cael gwared ar y blas drwg. Sdim iws i fi ganmol bwyd a gwin Ffrainc wrth Peelo byth ers 'ny.

Geson ni ddechre trychinebus i'r gêm gan ffindo 'yn bod ni'n colli 21-3 o fewn dim o amser. Ro'n ni'n mynd trwy'r gwahanol gymale ac yn creu cyfleon ond yna'n neud camgymeriade – ar y llaw arall fe fanteisiodd Toulouse wrth iddyn nhw ymosod. Serch hynny, fe lwyddodd Dafydd James i groesi, a finne'n trosi reit ar ddiwedd yr hanner cynta, gan dynnu'r sgôr yn ôl i 21-10. Yn wir, yn y stafell newid yn ystod yr egwyl, do'dd neb yn meddwl bod y gêm wedi mynd mas o'n cyrradd ni. Cyngor Phil i ni odd para i whare yn yr un ffordd ond gan dynhau'r amddiffyn. Rodd e am i ni roi llai o barch i Toulouse trwy ddod â'n llinell ni lan yn gynt er mwyn rhoi mwy o bwyse ar eu llinell ymosodol nhw a'u rhwystro nhw rhag whare eu gêm arferol.

Weithiodd 'mo cynllun Phil ar unwaith, achos reit ar ddechre'r ail hanner fe roion ni gais arall bant ac ro'n ni'n colli nawr o 31-10, a'r cefnwr, Poitrenaud, erbyn hynny wedi sgori 4 cais. Ond yna fe ddechreuodd un o'r cyfnode mwya cyffrous rwy i eriod wedi ei ga'l ar gae rygbi. Drwy whare rygbi deniadol, sgori 4 cais gwych a hefyd drwy sicrhau bod ni'n amddiffyn yn gryf, fe grafon ni'n ffordd 'nôl i'r gêm. Yna, fe lwyddon ni i goroni buddugolieth gofiadwy gyda phumed cais ardderchog gan Nathan Thomas – wedi i Regan King unwaith eto ddangos ei ddonie.

Mae 'na dipyn o sôn wedi bod am y cais ola hwnnw

ac yn arbennig am y ffaith 'mod i wedi sefyll i ddechre, pan dderbynies i'r bêl, yn gwmws fel bo fi'n mynd i roi cynnig am gic adlam. Yna, wrth i fi glywed Regan yn gweiddi ac ynte'n dod y tu fas i fi, 'mod i wedi newid 'y meddwl ar yr eiliad ola am y gic adlam.

Y gwir amdani yw 'bo ni wedi bod yn ymarfer y siort hyn o symudiad ar y Strade ers tro. Mae Robert Jones, hyfforddwr yr olwyr ar y Strade, wedi bod yn pregethu wrthon ni, pan fo wharaewr yn rhoi'r argraff ei fod e'n mynd am gic adlam o flân y pyst, pa mor effeithiol yw hi iddi ga'l e i symud y bêl mas yn gloi i'r olwyr. Yn ôl Robert, naw gwaith o bob deg pan fydd rhywun yn paratoi i gymryd gic adlam, bydd dau nau dri amddiffynnwr yn rhuthro gyda'i gilydd i drio atal y gic, ac o ganlyniad yn gadel bylche yn eu llinell amdiffyn. Felly, mewn sefyllfa fel 'na, wrth glywed wharaewr o safon Regan King yn gweiddi y tu fas ... ry'ch chi'n gwrando!

A dyna beth wnes i yn Toulouse, gan roi sgôr terfynol o 34–41 i ni. Ro'n i'n eitha ples â 'ngêm bersonol i, o ran y ffordd y llwyddes i ga'l y llinell i symud ac fe 'nes i gico'n weddol effeithiol, gan lwyddo gyda phump trosiad a dwy gôl gosb. Rheswm arall ro'n i'n falch iawn odd bod 'y nghefen i wedi dala, achos yn ystod y dyddie cyn y gêm rodd e wedi bod yn rhoi ychydig bach o drafferth i fi.

Rodd hi'n gêm ffantastig, gyda'r awyrgylch ar y diwedd yn gwmws fel petaen ni wedi ennill Cwpan y Byd. Fe fu hyd yn oed cefnogwyr Toulouse yn cymeradwyo 'yn perfformiad ni, a dyw hynna ddim yn brofiad cyfarwydd i dime sy'n ymweld â nhw. Rodd 'na dipyn o gefnogwyr y Sgarlets wedi dod draw ac fel arfer, ro'n nhw'n wych ac yn sicr yn ysbrydolieth bwysig i ni yn ystod y gêm.

Llwyddes i i ga'l cwpwl o docynne i hen ffrind odd yn arfer whare i Clermont a Ffrainc, Sebastian Viars. Mae e wedi ymddeol o'r gêm erbyn hyn ac yn byw yn Toulouse. "*Stephie*," medde fe wrtha i, ar ôl y gêm, "*at one point we stopped watching the match and just listened to your supporters singing!*" Ond do'dd 'na fawr o amser i gymdeithasu ar ôl y gêm achos rodd 'yn hawyren ni'n gadel am Gaerdydd yn gynnar y nosweth 'ny. Rodd hi wedi bod yn ddiwrnod a hanner a'r bois i gyd wrth eu bodde gyda'r perfformiad a'r canlyniad. Bydde modd dadle bod yr achlysur yn haeddu dathliad bach, felly dyma rai ohonon ni'n penderfynu aros yng Nghaerdydd y nosweth 'ny er mwyn ca'l cyfle i fwynhau.

Rodd yr awyrgylch yn ferw o gwmpas y Strade yn ystod y dyddie wedyn. Eto i gyd wrth ymarfer ar gyfer 'yn gêm nesa ni'n erbyn y Dreigiau ar y nos Wener cyn y Nadolig, o'n i'n becso am y poen ro'n i'n 'i ga'l yn 'y nghefen bob hyn a hyn. Felly pan gafodd y gêm honno'i gohirio, o achos y niwl trwchus odd dros y Strade, ro'n i'n falch iawn.

Ar Ddydd Gŵyl San Steffan rodd y Sgarlets fod i whare'n erbyn y Gweilch yn Stadiwm Liberty, felly rodd 'da ni sesiwn ymarfer ar fore dydd Nadolig. Do'dd y cefen, diolch byth, ddim yn rhoi llawer o broblem i fi'r bore hwnnw. Mae'r drefen yn hollol wahanol yn

Ffrainc dros y Dolig. Mae gêm gan bob clwb yn yr Adran Gyntaf ar Ragfyr 23 ac yna fe fydd y wharaewyr i gyd yn ca'l y deg diwrnod nesa bant i fwynhau'r Ŵyl gyda'u teuluoedd a'u ffrindie. 'Na'r ffordd iddi neud hi!

Ar ôl llosgi cyment o galorïe ar y cae ymarfer fore Nadolig rodd tipyn o whant bwyd arna i. Llawn cystal felly bod Mam a Mam-gu wedi paratoi cinio Nadolig ardderchog ar 'yn cyfer ni'n tri a do'dd dim dala 'nôl ar y byta... fe ges i hyd yn oed ddau blated o bwdin Dolig a saws brandi. Ond o'n i'n gw'bod y byddwn i'n 'i losgi fe i gyd o 'na'n gynnar yn ystod y gêm y diwrnod wedyn. Wedi'r cyfan mae'n rhaid ca'l rhywfaint o foethusrwydd mewn bywyd, hyd yn oed yn y byd rygbi proffesiynol.

Diwrnod bach tawel neis gas y tri ohonon ni yn Glan-y-ferri, heb gwmni 'mrawd y tro hwn, gan ei fod e newydd briodi yn ystod yr haf ac yn treulio'r diwrnod gyda'i deulu yng nghyfraith. Ond fe dda'th e a Helen, ei wraig, aton ni ddau ddiwrnod wedyn.

O'n i'n edrych mlân at y gêm yn awchus ar ddydd San Steffan ac yn barod amdani wrth dwymo lan, ychydig cyn y gic gynta. Yna, yn sydyn, fe dda'th y gwayw 'nôl i 'nghefen i fel cyllell ac ro'n i'n gw'bod y bydde'n rhaid i fi dynnu mas o'r tîm. Mae colli gêm bwysig oherwydd anaf yn ddigon gwael ynddo'i hunan ond ma gorfod tynnu mas ar yr eiliad ola un yn fwy siomedig byth – nid yn unig i'r wharaewr i hunan ond hefyd i'r hyfforddwr, i'r tîm ac i'r cefnogwyr.

Fel rodd hi'n digwydd perfformiad digon siomedig gafwyd gan y Sgarlets y diwrnod 'ny, gyda'r Gweilch yn ennill yn hawdd o 50–24. Eto ro'n i'n ddigon ffyddiog y gallen i ddod 'nôl i'r tîm ar gyfer y gêm yn erbyn Gleision Caerdydd ar ddydd Calan. Ond rodd Phil, whare teg iddo fe, yn mynnu bo fi ddim yn whare os nad o'n i gant y cant yn holliach. Ei gyngor e odd peidio â meddwl am whare wedyn tan y gêm yn erbyn Caeredin ar Ionawr y 5ed.

BLWYDDYN NEWYDD DDA?

FEL NA BUODD HI. Do'dd y cefen ddim wedi gwella digon i fi allu whare'n erbyn Gleision Caerdydd ar ddydd Calan, er mai nosweth dawel gartre ges i i groesawu'r flwyddyn newydd i mewn. Yn ôl 'yn arfer, wnes i ddim un adduned blwyddyn newydd. Dw i'n gw'bod bod ambell i wharaewr yn lico neud rhai sy'n ymwneud â rygbi, ond dw i ddim eriod wedi ei chael hi'n anodd ysgogi 'yn hunan i whare. Pan fydd hynny'n broblem i fi dyna pryd y bydda i'n meddwl am roi'r gore iddi.

Rodd y tywydd a'r cae'n warthus ar gyfer y gêm honno yng Nghaerdydd ac fe gas y Sgarlets grasfa gan y Gleision. A dweud y gwir buodd cyfnod y gwylie'n un digon siomedig i ni fel clwb a ninne'n llithro'n raddol i lawr tabl Cynghrair Magners. do'dd 'da ni ddim esboniad am hynny ond rodd 'na un agwedd bositif i'r cyfan. Credai Phil yn gryf mewn rhoi cyfle i'r bechgyn ifanc yn y clwb, odd wedi dod trwy system yr Academi. Rodd hi'n bwysig yn ei farn e eu bod nhw'n ca'l profiad o whare yn y Gynghrair ac fe ddigwyddodd hynny sawl gwaith. Felly, er bod hynny'n golygu nad yw'r tîm ar ei gryfa weithie yn ystod y tymor, fe fydd y polisi, gobeithio, yn talu ffordd i ni yn y dyfodol.

Y peth gwaetha am anaf i'r cefen yw bod hynny'n stopo rhywun rhag neud bron pob math o ymarfer ffitrwydd. 'Y mhroblem i odd bod y cefen yn mynd i sbasm wrth neud y peth lleia. Felly rhoddodd y drinieth ffisiotherapi bwysles ar ddod â hyblygrwydd 'nôl i'r rhan hynny o'r corff. Yn gynta oll fe ges i drinieth ddwy waith y dydd. Yna, dechre gydag un sesiwn ar y beic ymarfer, cyn ceisio ennill ffitrwydd yn raddol gyda chyfres o ymarferion gan arbed y cefen rhag ca'l unrhyw fath o ergyd. Pan dda'th Ionawr 5ed, a gêm y Sgarlets lan yng Nghaeredin, ro'n i'n hollol barod amdani.

Caeredin 24 Sgarlets 14

Cynghrair Magners, Nos Wener, 5 Ionawr

Ro'n i wedi bod yn edrych mlân at whare ar ôl y cyfnod segur dros y Nadolig ond gêm siomedig odd hi, gyda pherfformiad di-raen gan y Sgarlets. Braidd yn fflat odd y dorf hefyd achos mae Caeredin yn whare'u gême cartre yn Murrayfield, sy'n dal 67,000 o bobol. Felly do'dd gan y 3,000 odd yn 'yn gwylio ni fawr o obaith creu awyrgylch hwyliog.

O ran y gêm ei hunan roiodd 'yn diffyg disgybleth ni gyfle i Chris Patterson gico saith gôl gosb ac fe ychwanegodd e gôl adlam at hynny. Ar yr ochr bositif rodd 'yn hamddiffyn ni'n gryf iawn ac fe lwyddon ni iddi rhwystro nhw rhag sgori cais. Ond do'n ni ddim, mewn gwirionedd, wedi rhoi digon o ffydd yn yr amddiffyn, achos, yn lle gadel iddyn nhw ga'l y meddiant ac yna eu bwrw nhw lawr, ro'n ni'n rhy awyddus i drio eu rhwystro nhw rhag ca'l y bêl 'nôl. O ganlyniad fe nethon ni droseddu'n rheolaidd trwy ddod dros y ryciau, neu rownd yr ochre ac yn y blân. Y canlyniad fu llwyth o gicie cosb yn 'yn herbyn ni wrth i ni daflu'r gêm bant a rhoi buddugolieth i Gaeredin.

Rodd yr Albanwyr yn neud yn dda yn y Gynghrair ar y pryd a llawer o'r clod am hynny'n ddyledus i'r hyfforddwr, Lyn Howells, a fu'n hyfforddi Cymru am gyfnod, wrth gwrs. Mae 'da fi lot o barch i Lyn fel person ac fel hyfforddwr ac rodd hi'n braf iawn ca'l sgwrs 'da fe ar ôl y gêm. Y tro diwetha i ni ga'l cyfle i neud 'ny odd mas yn Clermont pan o'n i'n whare yn erbyn Lyonnaise, odd yn ca'l eu hyfforddi gan Lyn ar y pryd. Felly rodd gwaith hel tipyn o atgofion 'da ni. Ychydig o fisoedd wedyn fe fuodd tipyn o ffraeo yn y byd rygbi yn yr Alban ynghylch dyfodol Clwb Caeredin ac ro'n i'n siomedig o weld bod Lyn wedi colli'i swydd yn sgil hynny.

'Nôl i'r gwesty ethon ni ar ôl y gêm a mynd i'r gwely'n gynnar, achos rodd rhaid i ni godi am 6.00 y bore wedyn i ddal awyren i Gaerdydd. O faes awyr y Rhŵs, ethon ni i Westy'r Vale i ga'l sesiwn dadansoddi perfformiad y noson gynt. Rodd dadansoddwr swyddogol y clwb, Gareth Potter, a'i gynorthwywr, wedi bod ar eu traed trwy'r nos yn rhoi tystioleth ystadegol wrth ei gilydd, i'w chyflwyno i'r garfan a'r tîm hyfforddi wedi i ni gyrradd y Vale. Felly fe fuon ni'n astudio ac yn asesu'r wybodeth honno gyda'n gilydd am beth amser cyn i ni gyd ddychwelyd i Lanelli i ymlacio am weddill y penwythnos.

O ran mynd mas i ymlacio, fe fydda i wrth 'y modd yn mynd am bryd o fwyd i dŷ byta yng nghwmni ffrindie – ffasiwn y des i iddi lico'n fawr yn Clermont a'i werthfawrogi mwy a mwy tra bues i yno. Ond os wy' i gartre sdim dwywaith mai 'yn hoff ffordd i o ymlacio yw rhoi'n nhraed lan a neud fawr o ddim byd arall.

Fe ddarllenes i'n ddiweddar 'mod i'n lico whare'r gitâr wrth segura ond dyw hynny ddim yn wir o gwbl. Fe ddwedes i rai blynyddoedd yn ôl y byddwn i'n lico dysgu whare'r gitâr yn iawn ond da'th dim byd ohoni. Fe ddysges i shwd i whare'r clarinet hyd at Gradd 3 pan o'n i yn yr ysgol ac yna anghofio amdano. Serch hynny, rwy'n dwlu ar gerddorieth o bob math a bydd rhyw sŵn cerddorol ar waith yn y tŷ drwy'r amser pan fydda i gartre – sy wedi arwain Dwayne Peel i ddweud nad oes 'da fi dast cerddorol o gwbl. Wrth gwrs mae e, D.P., o ran ei dast arbennig e, yn licio meddwl ei fod e'n *super* cŵl!

Do'dd dim llawer o berygl y byddwn i'n dilyn gyrfa gerddorol ar ôl gadel yr ysgol, eto fe lwyddes i baso tri phwnc Safon A, sef Bioleg, Dylunio a Thechnoleg ac Addysg Gorfforol, gyda graddau digon da i 'nghael i mewn i Brifysgol Loughborough. Ond bythefnos cyn i'r tymor academaidd ddechre fe ges i gytundeb 'da Llanelli i fod yn wharaewr rygbi amser llawn am dair blynedd. Er y bydde wharaewyr yn ca'l eu talu bryd 'ny, rodd y gêm yn dal yn amaturaidd mewn sawl ffordd. Do'dd system yr academi ddim yn ei lle bryd 'ny a do'dd dim strwythur datblygu donie o fewn y clybie chwaith.

O ganlyniad fe hales i'r rhan fwya o'r flwyddyn gynta'n dilyn Frano Bottica oboutu'r lle nes 'mod i, mae'n siŵr, yn dipyn o niwsans iddo yn y diwedd. Rodd e'n gyn-aelod o dîm y Crysau Duon, ac wedi bod yn whare rygbi'r gynghrair gyda Wigan a Castleford. Rodd ei agwedd e'n hollol broffesiynol ar y cae ac oddi arno, ac fe ddysges i gyment ganddo yn ystod y flwyddyn gynta honno.

Ar ddechre 'yn ail flwyddyn i gyda'r Sgarlets fe gofrestres i ar gyfer cwrs Gwyddor Chwaraeon ym Mhrifysgol Abertawe. Er i fi basio'r arholiade ar ddiwedd y flwyddyn, do'n i ddim wedi ca'l llawer o flas ar y cwrs. Erbyn hynny hefyd, rodd galwade rygbi wedi dechre cynyddu, gan 'mod i'n aelod o garfan tîm Cymru o dan 21. O ganlyniad, fe benderfynes beidio â mynd 'nôl i'r Brifysgol a chanolbwyntio ar 'y ngyrfa rygbi.

Ulster 11 Sgarlets 35

Cwpan Heineken, Dydd Sadwrn, 13 Ionawr

Rodd hon yn gêm rodd yn rhaid i ni ei hennill os o'n ni

am neud yn siŵr 'yn bod ni'n mynd trwyddo i rownd yr wyth ola yng Nghystadleueth Heineken, ond ro'n i'n sylwedoli ar yr un pryd na fydde llawer o dime'n ennill yn Ravenhill. Yn y lle cynta mae Ulster yn un o'r time mwya effeithiol ym Mhrydain. Does dim llawer o wendide 'da nhw ac maen nhw'n gw'bod, beth bynnag, shwd i whare iddi cryfdere nhw. Lle bynnag maen nhw'n whare gallwch chi fod yn weddol siŵr y byddan nhw'n rhoi perfformiad graenus. Ar ben hynny, os yw'r gêm yn Ravenhill, ma 'da nhw rai miloedd o'r cefnogwyr mwya tanbaid a swnllyd y tu cefen iddyn nhw.

Rwy'n cofio, pan wharaeon ni yno reit ar ddechre'r tymor, yng Nghynghrair Magners, sef 'y ngêm gynta i 'nôl ar ôl bod yn whare yn Ffrainc. Fe ges i gwmni clòs dau o'u cefnogwyr nhw, yn llythrennol o dan 'yn nhrwyn i, wrth i fi gerdded y deugen llath i'r stafell newid ar ddiwedd y gêm. Ar hyd y ffordd fe nethon nhw 'yn atgoffa i pa mor anobeithiol ro'n i fel maswr a chyment gwell fase hi i bawb taswn i wedi aros yn Ffrainc.

Rodd y gic gynta am 1.00 o'r gloch, ac rodd hynny'n 'yn atgoffa i o gême ieuenctid slawer dydd. Rodd hyn yn golygu bod tipyn o waith lladd amser 'da ni yn y gwesty ar fore'r gêm cyn i ni fadel tua 11.00 am y stadiwm – cyfnod pan fydda i bob amser yn teimlo braidd yn aflonydd.

Fel arfer, ar ôl cyrradd y cae, fe es i mas i ymarfer cico am ryw 20 munud. Buodd hynny'n wastraff amser llwyr gan fod y tywydd mor ofnadw o wael. Rodd corwynt yn chwythu o un pen i'r llall a'r glaw yn 'i harllwys hi lawr. A dweud y gwir rodd cico'n erbyn y gwynt yn dipyn o ffars. Fydden i'n gallu cico'r bêl yn ddigon caled, wrth gychwyn y whare o'r smotyn canol yn gwynebu'r gwynt, er mwyn ca'l y bêl i gario'r deg metr angenrheidiol? 'Na un o'r pethe odd yn 'y mhoeni fi hyd yn oed. Rodd hi mor ddrwg â hynna.

Ro'n ni'n whare yn erbyn y gwynt yn ystod yr hanner cynta a'r cynllun, yn amlwg, odd trio cadw'r meddiant, whare'n dynn a chico'r bêl cyn lleied â phosibl. Yn gynnar yn y gêm fe geson ni gic gosb reit o flân y pyst, ddim ymhell o'r llinell 22 metr, na fydde wedi achosi fawr o broblem i fi, fel arfer. Fe drawes i'r bêl yn lân ond fe blygodd yn y gwynt fel banana a hedfan am yr asgell ymhell cyn iddi gyrradd y pyst. Dyna pryd clywson ni floedd fwya'r prynhawn gan y cefnogwyr cartre.

Fe nethon ni'n wych i ddal Ulster i 8–7 yn yr hanner cynta, gydag Alix Popham yn llwyddo i ga'l cais hollbwysig ychydig cyn yr egwyl a minne rhywsut yn llwyddo gyda'r trosiad. Ro'n i'n gw'bod, ar yr hanner, bod 'da ni siawns dda iawn o ennill y gêm bellach, gyda'r gwynt a'r glaw wrth 'yn cefne ni. Ond ar 'yn sodle buon ni am y deng muned cynta yn yr ail hanner wrth i Ulster daflu popeth aton ni. Eto, er eu bod nhw'n cadw'r bêl yn dda oherwydd eu bod nhw, wrth ymosod yn torri tuag i mewn o hyd, ro'n i'n weddol gyfforddus yn cyfeirio 'yn hamddiffyn ni yr un ffordd. Yna, ar ôl y cyfnod cynnar sigledig fe lwyddon ni i reoli'r gêm yn llwyr. Fe sgoron ni bedwar cais arall ac ro'n i'n hapus iawn i fi lwyddo i drosi pob un.

Rodd y cesair yn sgubo ar draws y cae yn un flanced oer a gwlyb, yn hytrach nag yn dod i lawr ar 'yn penne ni. Mae'n rhaid i fi gyfadde wedi i Gavin Thomas sgori'r cais ola, 'mod i jest â marw ishe gadel y cae am gynhesrwydd yr eisteddle. Pan edryches i draw at y fainc sylweddoles i bod pob un o'n heilyddion wedi ca'l eu defnyddio, felly fe fu'n rhaid i fi aros mlân tan y diwedd un.

Eto i gyd nid hon odd y gêm waetha i fi whare ynddi eriod o ran y tywydd... ond rodd hi bron â bod. Yn Ffrainc digwyddodd hynny, rai blynyddoedd yn ôl, pan odd y Sgarlets yn whare yn erbyn Agen. Er mai dim ond o ddau bwynt ar ei hôl hi o'n ni, gyda digon o amser i fynd, ro'n i am i'r gêm ddod i ben ymhell cyn y diwedd... yr unig dro eriod i fi deimlo fel'na. Rodd Simon Easterby, wedi iddo gyrradd y stafell newid ar y diwedd, mor oer nes i fod e'n ffaelu tynnu ei ddillad rygbi. Buodd rhaid iddo fe ga'l help i neud 'ny cyn mynd i mewn i'r gawod.

Ro'n i'n falch iawn dros 'yn blaenwyr ni ar ddiwedd y gêm yn Ravenscroft achos fe wharaeon nhw'n wych – er iddyn nhw ga'l 'i beirniadu'n llym iawn ar ddechre cystadleueth Heineken gan y sylwebyddion. Fel tîm, ro'n i wedi ca'l dwy fuddugolieth sbesial iawn, yn erbyn Toulouse ac Ulster, a'r ddwy gêm yn gofyn am ddwy ffordd gwbl wahanol o whare. Rodd y naill ar dir sych ac yn caniatáu i ni whare rygbi agored, cyffrous. Rodd y llall, serch hynny, ar gae trwm, gyda ninne'n dibynnu llawer ar 'yn blaenwyr i gadw'r bêl ac yn gorfod bod yn ofalus wrth gico, naill ai yn erbyn y gwynt neu gyda'r gwynt y tu cefen i ni.

Wrth gwrs fe fyddwn ni'n edrych ar ragolygon y tywydd, i ryw raddau, cyn whare pob gêm, ond gan fod 'yn paratoade ni'n cynnwys opsiyne gwahanol ar gyfer 'yn symudiade, dyw'r tywydd ddim yn drysu'n cynllunie ni ryw lawer. Gyda rhai symudiade mae 'da ni opsiwn tywydd gwlyb a gyda rhai erill mae 'da ni fersiwn fer ohonyn nhw – sydd yn handi iawn pan fydd y bêl braidd yn araf yn dod 'nôl.

Ond o ran y gêm honno yn Ravenhill rodd y pwysles ar ddau opsiwn syml – neud defnydd call o'r blaenwyr yn yr hanner cynta ac o'r gwynt yn yr ail hanner. Fe ddethon ni 'nôl i Lanelli'n syth ar ôl y gêm yn gw'bod 'yn bod ni wedi sicrhau 'yn lle yn wyth ola'r gystadleuaeth. Ond do'dd dim dathlu i fod, gan 'yn bod ni'n whare'r Gwyddelod yn Llundain y penwythnos wedyn – gêm rodd yn rhaid i ni ei hennill os o'n ni am sicrhau gêm gartre yn y rownd nesa.

Sgarlets 20 Gwyddelod Llundain 16
Cwpan Heineken, Dydd Sul, 21 Ionawr

Perfformiad anniben, siomedig odd hwn, falle am 'yn bod ni'n gw'bod, erbyn diwrnod y gêm, mai y ni fydde'n gorffen ar frig 'yn tabl, beth bynnag fydde'r canlyniad. Fe geson ni ddechre da ac ro'n ni ar y blân yn gyfforddus o 17–3 yn weddol gynnar yn yr hanner cynta. Ond fe ffaelon ni fynd â'r gêm o afel y Gwyddelod gan adel iddyn nhw ddod 'nôl i 17–16, gyda'u hyder nhw'n codi o nerth i nerth. Fe fu'n rhaid i fi gico gôl gosb yn hwyr yn y gêm i dawelu'r nerfe ac i neud yn siŵr 'yn bod ni'n crafu drwyddo... ond i Mike Catt rodd y diolch am hynna.

Ro'n i wedi mynd mas i'r cae, fel arfer, i neud ychydig bach o ymarfer cico rhyw hanner awr cyn y gic gynta. Ro'n i'n dilyn y rwtîn fydd 'da fi bob amser, sef ymarfer y gwahanol fathe o gicie y bydd yn rhaid i fi eu defnyddio mewn gêm fel arfer. Fe orffennes i, fel y bydda i'n neud bob amser, gyda chicie o flân y pyst tua deugen metr mas. Am ryw reswm do'n i ddim yn bwrw'r bêl yn iawn ac fe ffaeles i gyda'r tair cic gynta. Gyda 'ny dyma fi'n clywed llais y tu ôl i fi'n dweud *"Jonesy, keep your left shoulder tight."*

Rodd Mike Catt ar y fainc i'r Gwyddelod y nosweth 'ny, ac wedi digwydd cerdded heibio wrth i fi fethu'r dair cic. Ro'n i'n gw'bod yn gwmws beth odd e'n feddwl. Ro'n i'n agor gormod ar 'y nghorff wrth daro'r bêl, a bydde hynny wrth gwrs yn rhoi mwy o siawns i fi neud camgymeriad. Mae hi'n aml yn anodd i giciwr weld drosto'i hunan beth yn gwmws mae'n neud yn rong ac mae'n haws i rywun arall sylwi ar unrhyw fai. Felly, dyma fi'n rhoi cyngor Mike ar waith ar gyfer y dair cic nesa ac fe ethon nhw i gyd drosodd yn ddiogel. A dyna'n gwmws y siort o gic rodd yn rhaid i fi ei throsi i neud y gêm yn saff yn erbyn y Gwyddelod. Nawr, mae Mike Catt yn fachan ffein iawn ond rwy'n meddwl ei fod e, falle, erbyn diwedd y gêm, wedi difaru bod mor barod ei gyngor.

Rodd 'yn canlyniade ni yn rowndie rhagbrofol Cwpan Heineken wedi bod yn wych, sef whare 6 ac ennill 6, ac ro'n ni wedi sicrhau, wrth fynd trwodd i'r wyth ola, y bydde'r clwb £250,000 yn gyfoethocach. Er 'yn bod ni'n gorfod wynebu tasg anodd iawn yn y rownd wedyn yn erbyn deiliaid y Cwpan, Munster, ro'n i'n gw'bod, ar yr un pryd, o gofio bod siort Stade Francais, Caerlŷr, Wasps a Leinster yn dal yn y gystadleueth, y bydde talcen caled o'n blaene ni ta pwy fydden ni'n ei whare. Y cysur i ni odd bod 'da ni'r fantes o whare gartre ar y Strade.

Ddechre'r wythnos, wedi'r fuddugolieth yn erbyn Gwyddelod Llundain, rodd carfan Cymru yn ymgynnull unwaith eto yn y Vale ar gyfer Pencampwrieth y Chwe Gwlad. Eto rodd yn rhaid i fi adel y Vale am un nosweth ar y dydd Mawrth, yng nghwmni Gareth Jenkins ac Alan Phillips, Rheolwr Tîm Cymru, ar gyfer dyletswydd odd yn newydd i fi. Trefnwyd achlysur mewn gwesty yn Chelsea ar y dydd Mercher er mwyn i gaptenied time'r Chwe Gwlad roi cyhoeddusrwydd i'r Bencampwrieth trwy gwrdd â'r wasg. Rodd e hefyd yn gyfle da i ni'r wharaewyr gymdeithasu â'n gilydd unwaith eto – rodd y rhan fwya ohonon ni'n nabod 'yn gilydd yn dda.

Rodd gan y Sgarlets gêm y penwythnos wedyn yn erbyn Leinster, yng Nghynghrair Magners yn Donnybrook

– y tîm cartre enillodd er i'r ddau dîm sgori pum cais yr un – ond do'n ni, aelode o garfan Cymru, ar gais Undeb Rygbi Cymru, ddim i ga'l 'yn dewis i whare i'n clybie yn ystod y cyfnod hwn. Yn hytrach ro'n ni fod i ganolbwyntio ar baratoi ar gyfer 'yn gêm gynta ni'n erbyn Iwerddon.

Pan dda'th pawb ohonon ni at 'yn gilydd yn y Vale ddechre'r wythnos honno ro'n i'n teimlo bod llawer gwell hwyl ar bethe nag rodd ar gyfer gême rhyngwladol yr hydref. Rodd pawb ohonon ni fel petaen ni'n fwy cartrefol ac yn fwy positif yng nghwmni 'yn gilydd. Gan fod cyment o wharaewyr profiadol yn y garfan rodd 'y ngwaith i fel capten oddi ar y cae gyment yn haws ac un o'r dyletswydde cynta odd 'da fi odd dewis pwyllgor y wharaewyr hŷn unwaith eto, er mwyn bod yn bont rhwng y wharaewyr a'r tîm hyfforddi.

Er mwyn sicrhau bod y pwyllgor hwn yn cynrychioli trawsdoriad o'r elfenne gwahanol o fewn y garfan fe ddewises i Alun Wyn Jones, Dwayne, Martyn a Duncan, pob un yn feddyliwr craff ar y maes a chanddyn nhw agwedd bositif, iach oddi arno.

Cafodd sawl pwyllgor ei ddewis o blith y wharaewyr ar ddechre'r wythnos honno, gan gynnwys pwyllgor adloniant, pwyllgor golchi dillad ac yn y blân, ond falle mai'r un â'r dylanwad mwya odd y pwyllgor dirwyon. Yn ystod y cyfnod y bydd y garfan gyda'i gilydd mae 'na nifer o reolau mae'r aelode'n gorfod eu parchu. Rhaid gwisgo'r dillad iawn ar gyfer achlsuron arbennig, does dim hawl gwisgo het wrth y ford fwyd, mae'n rhaid clirio ar ôl neud coffi, mae'n rhaid parcio mewn llefydd penodol, does dim rhegi i fod yng ngwydd pobol o'r tu fas i'r garfan ac yn y blân.

Pan fydd rheol yn ca'l ei thorri, ac mae hynny'n digwydd yn aml, y pwyllgor dirwyon fydd yn penderfynu pa gosb ariannol sy'n rhaid ei thalu. Mae'r arian hwnnw wedyn yn mynd i brynu rhywbeth fydd er lles y bois – yn ddiweddar fe geson ni system sain newydd ar gyfer 'yn stafell newid ni yn Stadiwm y Mileniwm. O ganlyniad mae'n holl bwysig bod aelode'r pwyllgor dirwyon yn llym ar y rhai euog, a'u bod nhw'n lico arian – felly fe ddewison ni Ceri Sweeney, Gethin Jenkins a Mark Bennet, 'yn hyfforddwr ffitrwydd ni, i fod ar y pwyllgor hwnnw eleni.

Fe fu tipyn o sôn cyn y gêm yn erbyn Iwerddon am y probleme odd 'da ni o ran ffitrwydd rhai o'r wharaewyr, fel Shane Williams a Mark Jones, ond alla i ddim dweud bod hynny wedi effeithio ar forál y tîm o gwbl. Mae 'da ni garfan bositif iawn, a phob unigolyn yn gw'bod beth yw ei rôl arbennig e. Felly, pan fydd rhywun yn tynnu mas o'r tîm mae'r sawl sy'n dod i mewn yn ei le fe'n gw'bod yn gwmws beth mae e fod i neud. Ac mae sefyllfa negyddol fel hynna'n aml yn gallu troi'n bositif, gan ei fod e'n golygu rhoi cyfle i rywun newydd sefydlu ei hunan – yn yr achos yma Chris Czekai. Do'dd dim rhaid i fi chwaith, fel capten, neud unrhyw beth arbennig i roi hwb i Chris cyn y gêm achos fe na'th pawb yn y garfan yn siŵr y bydde fe'n teimlo'n hollol gartrefol fel aelod o'r tîm. Fe a'th yr ymarfer yn ardderchog ar hyd yr wythnos ac ro'n i'n eitha hyderus y gallen ni faeddu Iwerddon.

Rodd 'na amser i ymlacio hefyd. Er enghraifft, ar y nos Fawrth ethon ni i gyd, yn wharaewyr a staff hyfforddi, am bryd o fwyd gyda'n gilydd i dŷ byta lleol. Ar y nos Fercher a'th nifer o'r bois i'r sinema ac ar y nos Sadwrn, cyn y gêm, fe fuon ni i gyd yn gwylio ffilm ar DVD yn stafell y tîm. Gan fod y gêm yn hwyr ar y prynhawn Sul, llusgo na'th y diwrnod hwnnw braidd. Er hynny, dyw hi'n neud fawr o wahanieth i ni'r wharaewyr pa ddiwrnod y caiff y gêm ei chynnal, ond mae'n well gan y cefnogwyr, a'r tafarnwyr, mae'n siŵr, weld y gême'n ca'l eu cynnal ar ddydd Sadwrn.

Tan ei bod hi'n bryd gadel y gwesty am y Stadiwm fe dreulies i'r rhan fwya o'r diwrnod yn 'yn stafell i. Fydda i byth yn darllen y papure ar fore'r gêm er y bydd rhai o'r bois yn ca'l tamed bach o sbort wrth dynnu sylw at ambell i lun doniol o un o aelode'r garfan neu bennawd bachog. Yr un peth sy'n neud i fi deimlo'n well yw gweld y bws yn cyrradd i fynd â ni i'r Stadiwm.

Wrth i amser y gic gynta nesáu mae'r stafell newid yn tawelu gyda phob un o'r bois bron yn ei fyd bach ei hunan. Rhai wedi cadw at eu hofergoelion personol, falle o ran dadbacio'r bag, falle o ran trefen gwisgo. Eto does neb cynddrwg â Robert Sidoli sy'n rhoi lle penodol bob tro i bob eitem unigol yn ei fag, gan neud yn siŵr, os yw'n ddilledyn, ei fod e wedi ca'l ei blygu beder gwaith. Mae'n rhaid i Robert hefyd ga'l bod yn ola ar y bws bob tro.

Bydd nifer fawr o'r bois yn nerfus a neb yn wa'th na Ryan Jones. Er mor cŵl y bydd e'n ymddangos fel arfer, fe fydd e'n diodde cyment gyda'i nerfe fel y bydd e fel arfer yn chwydu cyn gadel y stafell newid. Daw cyhoeddiad i ni taw muned sy 'da ni cyn i ni orfod gadel i fynd mas i'r cae. Er bod y trafod i gyd wedi'i neud mae'n gyfle i fi ddweud un gair bach i godi calon ac ysbryd y bois. Dim byd dramatig, dim ond eu hatgoffa nhw i fod yn bositif ac i roi o'u gore er eu mwyn nhw eu hunen ac er mwyn eu teuluoedd.

Yn 'yn nisgwyl i, wrth i fi gyrradd y twnel, rodd merch fach o'r enw Anna Culshaw, o Garrog – 'yn mascot ni am y gêm arbennig hon. Ro'n i wedi ca'l 'y nghyflwyno iddi pan es i mas i'r cae i ymarfer cico cyn y gêm a sylweddoli ei bod hi'n ferch fach ofnadw o ddewr, odd yn gwella ar ôl trinieth i fêr yr esgyrn. Rodd hi wrth ei bodd yn rhedeg mas i'r Stadiwm gyda fi ac ro'n i'n arbennig o falch drosti.

GÊMAU'R CHWE GWLAD

Cymru 9 Iwerddon 17
Stadiwm y Mileniwm, Dydd Sul, 4 Chwefror

MAE'N ANODD IAWN FFOCYSU ar y gêm sy i ddod pan fydd y band yn taro 'Hen Wlad Fy Nhadau'. Mae 'na berygl, yn 'yn achos i, y galle emosiwn yr anthem ga'l y gore arna i. Felly bydd hi'n ymdrech fawr i fi beidio ag ymgolli gormod yn y canu, neu fe fyddwn i'n ei chael hi'n anodd, am sbel, i ganolbwyntio ar y dasg sy o 'mlân i. Eto, bydd rhai o'r bois yn emosiynol iawn yn ystod yr anthem. Mae'n dda gweld bod bron pawb yn y garfan, erbyn hyn, yn morio canu 'Hen Wlad fy Nhadau', gyda'r aelode di-Gymraeg hefyd wedi mynd ati i ddysgu'r geirie.

Ond fe ges i, a'r tîm, y dechre gwaetha posibl i'r gêm, wrth i O'Driscoll daro 'nghic i lawr yn 'yn 22, gan roi cyfle i Rory Best groesi am gais ar ôl dim ond 47 eiliad. Alla i ddim dweud bod y digwyddiad, er mor anffodus odd e, wedi ca'l rhyw lawer o ddylanwad ar 'y ngêm bersonol i. Oherwydd, un o'r gwersi pwysica ddysges i'n gynnar yn 'y ngyrfa odd bod yn rhaid anghofio ar unwaith am unrhyw gamgymeriad y bydd rhywun yn ei neud mewn gêm a chario mlân mor daer ag eriod.

Rwy'n cyfadde, serch hynny, bod y digwyddiad wedi'n rhoi ni, fel tîm, ar y droed ôl yn gynnar iawn. Eto rodd hi'n gêm y dylen ni fod wedi'i hennill a tasen ni wedi whare Iwerddon yr wythnos wedyn rwy'n siŵr y basen ni wedi eu maeddu nhw. Fe gafodd y gêm ei hennill a'i cholli, yn 'y marn i, yn ardal y dacl, ac yn y ffordd y na'th y dyfarnwr, Kelvin Deaker, o Seland Newydd, ystyried yr agwedd honno o'r whare.

Nawr rodd y dyfarnwr, fel sy'n digwydd fel arfer cyn pob gêm ryngwladol, wedi cwrdd â Gareth Jenkins (ac Eddie O'Sullivan yn ei dro) ar y nos Wener i drafod rhai agwedde ar y rheole, gan roi sylw arbennig i unrhyw brobleme, yn ei farn e, odd 'da ni fel tîm – ar sail beth odd e wedi'i weld, falle ar dapie fideo ohonon ni'n whare. Wedyn fe gafodd Gareth air gyda ni fel carfan am rai o'r pwyntie rodd y dyfarnwr wedi eu codi yn y sgwrs honno. Yn ogystal, fe dda'th y dyfarnwr i mewn i'n hystafell newid ni, rhyw awr cyn y gic gynta, i ga'l sgwrs fer am y rheole, o ran yr hyn y bydde fe'n ei ganiatáu ar y naill law ac yn ei gosbi ar y llaw arall, yn enwedig yn achos whare'r rheng flân. do'dd dim byd a glywson ni ganddo'n awgrymu ei fod e'n mynd i fod mor drugarog wrth y Gwyddelod ag y buodd e yn ardal y dacl.

Pan lwyddon ni'n ystod y gêm i ga'l pêl gyflym o'r sgarmesi ro'n i'n achosi probleme iddyn nhw ond dro ar ôl tro fe fydde Iwerddon yn arafu'r bêl trwy orwedd arni neu trwy adel braich neu law i'n hatal ni rhag ei hennill hi. Do, fe geson ni ambell i gic gosb ond fe ofynnes i dair gwaith yn ystod y gêm i'r dyfarnwr ddangos cerdyn melyn ond do'dd e ddim ishe gw'bod .

Y troseddwr gwaetha, falle, odd un o'n ffrindie gore i, Simon Easterby. Ond dw i ddim yn gweld bai arno fe, achos os odd e'n llwyddo i droseddu heb ga'l ei gosbi rodd e'n mynd i gario mlân i neud 'ny. Yn sicr ei drosedd waetha fe odd baglu Chris Czekai fel rodd yr asgellwr yn mynd i dirio'r bêl am gais, ond rhaid cyfadde bod ymdrech Simon i roi'r argraff ei fod e'n 'mestyn i drio cwmpo ar y bêl yn haeddu Oscar! Fel yn wir rodd ei berfformiad e drwy'r gêm, achos fe wharaeodd e'n wych y prynhawn hwnnw.

Mae colli bob amser yn siom ond yn fwy fyth ar ôl colli gêm y gallen ni fod wedi'i hennill. Rodd y beirnied yn disgwyl pethe mawr oddi wrth Iwerddon y tymor hwn, yn enwedig ar ôl eu perfformiade ardderchog yng ngeme rhyngwladol yr hydref. Ond yn y gêm arbennig hon, ro'n i'n teimlo 'yn bod ni cystal â nhw bob tamed mewn cyment o agwedde.

Yr Alban 21 Cymru 9
Murrayfield, Dydd Sadwrn, 10 Chwefror

Gyda dim ond whech diwrnod rhwng y gêm gynta a'r ail yn y Bencampwrieth, gydag un ohonyn nhw'n mynd i drafeilio, rodd 'yn paratoade ni ar gyfer yr Alban yn mynd i fod yn anodd, beth bynnag. Fe halon ni'r dydd Llun yn dadansoddi'r perfformiad yn erbyn yr Iwerddon. Fe roeson ni sylw manwl i ardal y dacl, y probleme a geson ni gyda'r agwedd honno o'r whare ac i'r ffaith 'yn bod ni wedi gwastraffu nifer o gyfleoedd. Fel pob un o'r bois fe fues i'n edrych ar 'y ngêm bersonol i. Y cyfan odd yn rhaid i fi ei neud odd clico ar 'Stephen Jones' ar y cyfrifiadur ac ro'n i'n ca'l gweld pob agwedd ar y gêm y bues i'n rhan ohoni.

At ei gilydd ro'n i'n teimlo'n eitha positif o ran 'y nghyfraniad i, heblaw am y gic yna arweiniodd at y cais cynta. Rodd nifer o'r bois yn dal i deimlo effeth cleisie'r gêm yn erbyn Iwerddon ar y dydd Mawrth felly chawson ni fawr o rygbi ar y diwrnod hwnnw chwaith. Fe lwyddon ni i ga'l sesiwn ymarfer ar y dydd Mercher, gyda phawb yn ca'l mynd gartre'r nosweth 'ny, cyn hedfan i'r Alban y bore wedyn.

Rodd 'na dipyn o eira wedi cwmpo dros nos ac o achos hynny ro'n ni ddwy awr yn hwyr yn gadel maes awyr Caerdydd. Do'dd dim gwahanieth gan y rhan fwya ohonon ni, ond rodd nerfe Nigel Davies, un o'r hyfforddwyr, yn rhacs, achos mae e'n casáu hedfan ac yn teimlo fel clwtyn llawr ar ôl pob taith mewn awyren.

Ond fe geson ni un cysur bach tra o'n i'n disgwyl ym maes awyr Caerdydd. Rodd y cyn-focsiwr byd enwog, Sugar Ray Leonard, wedi dod i Gaerdydd i hyrwyddo gornest nesa Joe Calzhage. Er mwyn rhoi cyhoeddusrwydd, ac oherwydd y bydde'n neud lles i ni fel carfan o ran morál, gofynnwyd i Allan Phillips, Rheolwr Tîm Cymru, a fydde'n bosibl i Sugar Ray ddod i ga'l gair gyda ni yn y Vale. Ond gan ei fod e'n hwyr yn cyrradd Caerdydd o Lundain dim ond sesiwn fach fer gydag e yn y maes awyr odd yn bosibl. Felly, dyma fi a

Mike Phillips yn ca'l y cyfle i dreulio ychydig o amser yn ei holi fe yno. Fe ges i'n synnu ei fod e'n siarad mor huawdl a chraff. Rodd hi wir yn fraint ca'l sgwrs â seren mor ddisglair ac un sy â rhyw swyn arbennig iawn yn perthyn iddo.

Rodd 'yn perfformiad ni fel tîm lan yn Murrayfield yn hynod o siomedig. Ar ben hynny fe wharaeodd yr Alban yn arbennig o dda. Rodd sgrym gynta'r gêm, pan gafodd 'yn pac ni eu gwthio 'nôl ar eu sodle'n syth, yn arwydd cynnar bod prynhawn caled o'n blaene ni. Fe reolodd yr Alban y meddiant yn llwyr gan wneud bywyd yn anodd iawn i ni. A ninne'n treulio cyment o'r gêm ar y droed ôl, yn erbyn amddiffyn odd wedi'i drefnu'n effeithiol, rodd hi'n amhosibl creu unrhyw fath o fomentwm ymosodol.

Canlyniad hyn odd i ni roi llawer gormod o gicie cosb bant ac, fel y profodd y Sgarlets yn erbyn Caeredin, mae Chris Patterson yn ei elfen fel ciciwr o dan y fath amgylchiade. Yr unig gysur i ni falle odd y gwaith amddiffyn ardderchog nethon ni, sef un o'r agwedde mwya anodd iddi meistroli yn y gêm fodern, a'n bod ni wedi rhwystro'r Alban rhag sgori cais, er gwaetha'r holl feddiant geson nhw. Bu bron i Chris Patterson dorri drwyddo unwaith ond bues i'n ddigon ffodus iddi ddala fe o'r tu ôl fel odd e'n mynd i groesi.

Yn y gêm fodern mae'n debyg mai'r maswr a'r rheng ôl sy'n gorfod taclo fwya mewn unrhyw dîm a 'swn i'n lico meddwl bo fi'n neud 'yn siâr. Mae rhai pobol yn meddwl bo fi'n enjoio taclo ond fe alla i eu sicrhau nhw nad yw hynna'n wir. Mater o raid yw taclo i fi ac mae'n llawer gwell 'da fi dreulio'r gêm yn trafod y bêl na gorfod trio tynnu ton ar ôl ton o wharaewyr i'r llawr. Eto, mae taclo'n agwedd mor bwysig o'r gêm bellach.

Pan fyddwn ni gyda charfan Cymru, fyddwn ni ddim yn treulio'n hamser prin yn perffeithio 'yn techneg taclo fel unigolion. Fe fydd y pwysles bryd hynny ar 'yn patryme amddiffyn ni fel tîm. Ond fe fyddwn ni, yn rheolaidd ar y Strade am ryw ugain munud yn ystod y sesiwn ymarfer, ar ddydd Mawrth fel arfer, yn rhoi sylw arbennig i daclo. Y drefen, dan ofal Paul Moriarty un o'r hyfforddwyr, yw cynghori unigolion wrth iddyn nhw ddefnyddio bagiau taclo pwrpasol neu wrth i'r wharaewyr weithio mewn pare a chael un i redeg at y llall. Dyw hynny ddim yn digwydd ar gyflymder na chyda rhyw lawer o rym yn y dacl. Eto i gyd bydd y rhedwr yn trïo cyflwyno rhywfaint o dwyll yn ei symudiad fel bod y taclwr yn gorfod addasu safle'r corff, yn enwedig lleoliad y pen a'r clunie, er mwyn ateb y rhediad arbennig hwnnw.

Yn ôl y disgwyl, rodd y stafell newid yn ddigalon iawn wedi'r gêm yn Murrayfield. Fe dries i godi ysbryd y bois trwy bwyso arnyn nhw i fod yn bositif ar gyfer gweddill y tymor a bod 'da ni dair gêm arall i ddangos 'yn bod ni'n well tîm o lawer nag rodd canlyniade'r ddwy gêm gynta'n ei awgrymu. Fe rybuddies i'r bois hefyd y bydde'r cyfrynge am 'yn gwaed ni, mae'n siŵr, ond y dylen ni drio aros yn gadarn gyda'n gilydd, anwybyddu'r wasg a ffocysu ar y rygbi, sef yr unig beth odd yn llwyr o dan 'yn rheoleth ni 'yn hunen.

Er 'y mod i'n disgwyl i'r wasg feirniadu'n perfformiad

ni'n llym mae'n rhaid i mi gyfadde i fi ga'l 'yn synnu pa mor ffyrnig rodd yr ymateb, yn enwedig gan un papur Cymreig. Yn ei ddull 'tabloid' anffodus fe a'th y papur hwnnw y tu hwnt i bwyso a mesur y gêm ei hunan – drwy roi sylw amlwg a chamarweiniol i rywbeth a ddigwydodd nosweth y gêm.

Gan fod Dwayne wedi ennill ei hanner canfed cap dros Gymru'r diwrnod hwnnw fe benderfynodd rhyw ddwsin ohonon ni y basen ni'n mynd â fe mas am gwpwl o beints i ddathlu, yn hytrach nag aros yn y gwesty. Fe ethon ni i far chwaethus a chael nosweth fach ddymunol iawn a hynny bythefnos cyn y bydden ni'n whare 'yn gêm nesa. A'th neb dros ben llestri drwy yfed gormod, rodd pawb yn gwrtes a fuodd neb yn bihafio'n afreolus. Dychwelodd pawb i'r gwesty'n barchus. Fore trannoeth do'dd neb yn hwyr yn codi ac rodd pawb wedi gwisgo'n drwsiadus ar gyfer y sesiwn ddadansoddi a drefnwyd ar gyfer y bore Sul.

Fe na'th y papur dan sylw fôr a mynydd o'r digwyddiad gan roi darlun cwbl gamarweiniol o'r sefyllfa, a neud anghyfiawnder mawr â'r wharaewyr. "Rhag 'yn cywilydd ni am feddwl mynd mas i fwynhau 'yn hunen, ar ôl whare mor wael," odd agwedd y papur. Mae'n siŵr ei fod e'n meddwl y dylen ni i gyd fod wedi aros yn 'yn stafelloedd y nosweth 'ny er mwyn astudio'r papur wal!

Rodd hi'n amlwg nad oes gan bapur fel 'na unrhyw syniad o'r math o aberth mae'r bois yn ei neud er mwyn perfformio'n rheolaidd ar y lefel ucha. Cyn y gêm honno yn Murrayfield do'dd 90% o'r bois ddim wedi ca'l diferyn o alcohol ers y Nadolig, ond hyd yn oed pe bydde rhai ohonyn nhw'n penderfynu ca'l peint neu ddau bob hyn a hyn pa hawl sy gan bapur newydd, neu unrhyw un arall, iddi beirniadu nhw. Ydyn, ry'n ni i gyd yn wharaewyr proffesiynol, ond yn sgil hynny fe fyddwn ni'n cymyd gofal arbennig o'n cyrff. Ond ry'n ni'n oedolion cyfrifol yn ogystal, ac mae gyda ni, weithie, yr hawl i ga'l bywyd y tu hwnt i'r cae rygbi.

Er bod dealltwrieth rhai o ohebwyr rygbi'r papur dan sylw am y gêm yn amheus ar brydie, ro'n i'n naturiol yn disgwyl beirniadeth yn dilyn gêm yr Alban, ond ar sail y rygbi'n unig. Ro'n i'n gw'bod, pan o'n i'n derbyn swydd y capten, y bydde 'na fwledi'n hedfan pan fydden ni'n colli. Ro'n i'n gw'bod hefyd taw'r hyfforddwr fydde'n ei chael hi gynta, wedyn y capten, wedyn y wharaewyr allweddol a dylanwadol o ran rhediad y gêm. Felly, ro'n i'n agored i ga'l 'y meirniadu am ddau reswm. Ond mae beirniadeth heb gyfiawnhad yn 'yn neud i'n grac, yn fwy na dim am fod hynny'n aml yn boen i'r teulu.

Pan fydd beirniadeth yn dod gan y teulu, ffrindie neu bobol rwy'n eu parchu, yn hytrach na chan rai sy ddim yn gw'bod fawr ddim am yr hyn maen nhw'n siarad amdano, yna fe fydda i'n dechre becso. Ond wrth gwrs, rhydd i bawb ei farn a chan fod grym gan y bobol anwybodus hyn mae'n rhaid i ni dderbyn yn dawel yr hyn maen nhw'n ei daflu aton ni.

Yn bersonol fe ges i lot fawr o gefnogeth yn ystod y cyfnod arbennig hwn, gan y bobol ro'n i'n parchu eu barn nhw'n fawr, sef cyd-wharaewyr, yn enwedig Dwayne, a'r staff hyfforddi – pobol sy'n gw'bod yn iawn

Portread ohona i pan o'n i yn Clermont.

Cynhesu lan gyda phac anferth Clermont.

Yng nghanol y frwydr.

O dan bwyse mewn gêm allweddol.

Gêm gartref yn Clermont o flaen torf enfawr, fel arfer.

Cael sgwrs fach gyda Shane mewn gêm Ewropeaidd.

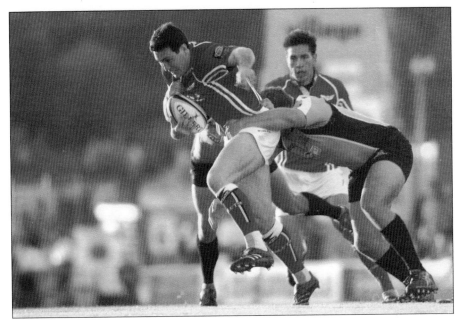

Croeso adre! Gêm gyntaf nôl ar y Strade yn erbyn Glasgow.

Cico yn erbyn Caerdydd.

Cael gafel ar Shane!

Dathlu yn Ewrop: maeddu Munster (uchod) a Toulouse oddi cartref yn y Cwpan Heineken.

Dwayne yn esbonio sut mae 'neud pethe yn erbyn Caerloyw.

Capten yn erbyn Seland Newydd.

Siom yn erbyn yr Alban.

Ar ôl gêm galed yn erbyn Ffrainc.

Anaf arall, y tro hwn ar ôl cael dwrn gan Mauro Bergamasco.

O dan bwyse mewn cynadledde i'r wasg.

Dod mlân yn yr ail hanner yn erbyn Canada...

...a gêm anodd yn erbyn Awstralia yng Nghaerdydd.

Dim ffordd drwodd yn erbyn Fiji.

Isod a gyferbyn: dychwelyd i Ffrainc ym mis Mehefin i weld Clermont yn curo Toulouse yn rownd gyn-derfynol y Championnat.

Nosweth emosiynol ar y Strade er cof am Grav.

beth yw hyd a lled pethe sy'n digwydd ar y cae. Er na fydda i byth yn darllen adroddiade'r papure newydd rodd 'da fi eitha syniad, trwy siarad da'r teulu a ffrindie ac wrth weld ambell i bennawd, bod y cyllyll mas ac wedi eu cyfeirio ata i – ambell i ohebydd yn daer am weld James Hook yn ca'l 'yn lle i fel maswr yn nhîm Cymru. Dyw James â fi ddim wedi trafod gair gyda'n gilydd eriod am y 'frwydr' yma am safle'r maswr ond y neges ges i gan Gareth Jenkins odd i gadw'n hyderus, achos eï fod e'n hapus gyda 'y mherfformiad i. Barn gweddill y bois, er gwaetha beth mae rhai aelode o'r wasg yn ei 'weud, yw bo fi'n neud y gore y galla i a bod 'yn whare personol i o safon uchel. Rhaid cofio yn erbyn yr Alban, mai dim ond tua 30% o'r bêl geson ni, a hynna'n aml ar y droed ôl.

Mae hi wrth gwrs gyment yn haws pan fyddwch chi'n ennill pêl dda, yn rheolaidd. Bryd hynny fe allwch chi neud i'r tîm arall weithio ddwywaith mor galed. Wrth ymosod ry'ch chi'n gallu eu symud nhw, yn enwedig y tri yn y cefen, o gwmpas y cae, gan gico i'r manne gwag. Wrth i ni fod ar y droed ôl a'r bêl, gan amla, yn dod 'nôl yn araf, mae'r gwrthwynebwyr yn ca'l digon o amser i drefnu eu hamddiffyn yn effeithiol, ac yn gallu gollwng tri dyn 'nôl i'r cefen fel nad oes bwlch hwylus y gallwn ni gico iddo fe. Er mwyn rhwystro hynna rhag digwydd mae'n bwysig felly bod y bêl yn ca'l ei hailgylchu'n gyflym er mwyn gallu taro cic effeithiol i godi'r pwyse. Felly mae'r cyfan yn gallu bod yn gylch dieflig, fel yn Murrayfield.

Yn ystod y cyfnod digalon yma fe ges i gefnogeth a

chymorth o un cyfeiriad annisgwyl braidd. Tra o'n i ar daith gyda'r Llewod i Seland Newydd yn 2004 fe ddes i nabod Alistair Campbell, cyn-ymgynghorydd Tony Blair, odd mas 'na i sgrifennu ychydig o erthygle fel newyddiadurwr a dethon ni mlân yn net 'da'n gilydd. Rodd rheswm 'da fi i gysylltu ag e adeg y Chwe Gwlad ac fe ofynnes i iddo fe am ei farn ynglŷn â shwd odd y ffordd ore i fi ddelio gyda'r wasg o dan yr amgylchiade. Fe ges i wahoddiad i fynd lan i Lundain i ga'l sgwrs 'da fe, ond oherwydd bod amser yn brin bu'n rhaid bodloni ar drafod dros y ffôn. Eto i gyd fe ges i gynghorion gwerthfawr a defnyddiol dros ben 'da fe.

Ffrainc 32 Cymru 21

Stade de France, Dydd Sadwrn, 24 Chwefror

Ar ôl gêm yr Alban rodd dau ddiwrnod bant 'da'r garfan cyn dod 'nôl i'r Vale ar y dydd Mercher i baratoi ar gyfer y gêm yn erbyn Ffrainc 'mhen deg diwrnod wedyn. Ar y dydd Mawrth rodd 'da fi gêm wahanol – sialens golff; Ceri Sweeney a Gareth Cooper yn erbyn Dwayne a fi. Nawr, wharaewr 'cymdeithasol' wy' i, sy ddim yn poeni llawer am *handicap* a phethe fel 'na. Ond ro'n i'n siomedig iawn y prynhawn 'ny achos ches i ddim hanner digon o siots 'da'r bartnerieth o Went ac, ar ben hynny, o gofio bod Dwayne yn wharaewr da, i fod(!), fe adawodd e fi lawr yn wael ar y diwrnod 'ny ac fe geson ni goten.

Am yr ychydig ddiwrnode cynta 'nôl yn y Vale fe fuon ni'n canolbwyntio ar waith ffitrwydd a dadansoddi

Yna, ar ddechre'r wythnos wedyn fe geson ni dri diwrnod o ymarfer caled. O ran arddull tîm Ffrainc ro'n ni wedi sylwi bod eu llinell amddiffynnol nhw'n dod lan yn gloi iawn, felly fe benderfynon ni witho ar hynna wrth ymarfer ac fe dalodd ar ei ganfed.

Bob wythnos, bron, ers i fi ddod 'nôl o Ffrainc, fe fydda i'n ffonio Tony Marsh a rhai o'r bois erill mas yn Clermont. Yr wythnos arbennig yma ro'n i am ga'l gw'bod shwd odd y gwynt yn whythu mas yno, o ran y gêm yn erbyn Cymru. Fe deithion ni mas i Baris fel carfan ar y dydd Iau a chyrraedd Gwesty'r Warwick, sy ryw ganllath o'r Champs Élysées, tua chwech o'r gloch. Ymlacio rhywfaint ar ôl swper a mynd am wâc fach wedyn gyda rhai o'r bois i'r *café* ar bwys y gwesty. Rodd yn gyfle i fi ymarfer rhywfaint bach ar 'yn Ffrangeg prin ond, wrth gwrs, do'dd hi dim yn hawdd neud 'ny o flân cynulleidfa yn ca'l lot o sbort wrth dynnu arna i.

Ethon ni am wâc wedyn fore dydd Gwener ac yn y prynhawn fe es i draw i'r Stade de France i ymarfer 'y nghico. Do'dd y gêm ddim yn dechre tan naw o'r gloch ar y nos Sadwrn, amser Ffrainc, felly fe benderfynon ni y basen ni'n cynnal yr ymarfer ola i'r tîm ar y nos Wener, yn hytrach nag ar y prynhawn hwnnw. Oherwydd ei bod hi'n debyg y bydde dydd Sadwrn yn ddiwrnod hir fe arhosodd llawer ohonon ni ar 'yn trâd yn hwyrach nag arfer yn y gwesty ar y nos Wener, a hala mwy o amser yn y gwely y bore wedyn, tan tua hanner awr wedi deg.

Fe dreulion ni'r diwrnod yn ymlacio yn y gwesty nes i'r bws swyddogol gyrradd i fynd â ni draw i Stade de France, dan arweiniad heddlu Paris ar eu beicie modur. Mae'r profiad hwnnw bob amser yn un doniol a chofiadwy iawn wrth i'r heddlu gymryd dileit mawr mewn cico, yn llythrennol, unrhyw gerbyd sy'n bygwth arafu'r bws ar y daith i'r stadiwm. Ar ôl cyrradd yno fe ddilynes i'r un drefen ag arfer a mynd mas i'r cae i ymarfer cico am ychydig. Yna, 'nôl i'r twnel rhyw dri chwarter awr cyn y gic gynta i gwrdd â Tony Spreadbury, y dyfarnwr, a Raphael Ibanez, capten Ffrainc, i daflu'r geiniog arferol er mwyn penderfynu pwy fydde'n ca'l dewis cymryd y gic gynta neu ddewis i ba gyfeiriad i whare gynta.

Pan fydda i'n galw, beth fydda i'n ei weiddi bob amser yw *"tails for Wales, never fails"*, ond wrth gwrs ry'n ni'n ffaelu'n aml! Os yw'r tywydd yn amlwg yn mynd i ga'l dylanwad ar y gêm, fe fydda i, cyn taflu'r geiniog, fel arfer yn siarad gyda'r bois y gall y tywydd ddylanwadu ar eu whare nhw – sef y bachwr a phwy bynnag fydd yn debyg o neud tipyn o gico. Er, rhaid cyfadde, 'y mod i'n bersonol yn gredwr cryf mewn whare'n erbyn y gwynt gynta os bydd hi'n chwythu. Ond ar y nosweth gymharol dawel honno ym Mharis do'dd dim angen cymryd cyngor.

Fe geson ni ddechre ardderchog i'r gêm, er i fi ffaelu gyda chic gosb gynnar y dylwn i fod wedi ei throsi. Rhoddodd Alix Popham a Tom Shanklin ni ar y blân gyda dau gais y llwyddes i hefyd iddi trosi nhw. Ro'n i'n arbennig o falch o'r ail gais gan ei bod o ganlyniad i'r hyn ro'n ni wedi bod yn ei ymarfer yn y Vale, ar ôl dadansoddi fideo o whare Ffrainc. Rodd llinell Ffrainc wedi dod lan yn gloi, felly dyma fi'n rhoi cic fach i'r bêl i fwlch y tu cefen iddyn nhw, rhuthrodd James Hook amdani, gafel ynddi a llwyddo i roi Tom, odd ar ei ysgwydd dde fe, drosodd am y cais. Ond am weddill yr hanner fe wharaeodd blaenwyr Ffrainc yn effeithiol dros ben gan gadw'r meddiant yn arbennig o dda.

Er 'yn bod ni'n amddiffyn yn dda at ei gilydd fe sgorodd Dominici gais ac yna fe a'th Nollet drosodd am un arall ychydig cyn hanner amser. Ciciodd Skrela y ddau drosiad a thair gôl gosb, gan gico tair arall yn yr ail hanner. Felly, yn ugain munud ola yr hanner cynta, fe lwyddodd Ffrainc i'n rhwystro ni rhag ca'l fawr ddim o'r bêl. Pan fo hynny'n digwydd mae wharaewyr yn mynd yn rhwystredig, sy'n neud iddyn nhw droseddu, gan eu bod nhw mor daer wrth drio ennill meddiant. Dyna ddigwyddodd i ni'r nosweth 'ny ac fe lwyddodd Skrela i'n cosbi ni'n drwm am hynny. Er hynny, fe gafodd Jamie Robinson gais arall hwyr i ni, yn dilyn bylchiad ardderchog, ac rodd hi rhywfaint o gysur 'yn bod ni wedi sgori mwy o geisie na Ffrainc gyda'r sgôr terfynol yn 34–21.

Ro'n ni i gyd yn siomedig 'yn bod ni wedi gadel i Ffrainc ddod 'nôl fel nethon nhw. Pan odd y bêl gyda ni rodd pethe'n gwitho'n eitha da i ni fel olwyr ac fe ddylen ni fod wedi neud yn well o ystyried faint o feddiant geson ni. Er hynny, fe enjoies i'r gêm yn fawr ac ro'n i'n teimlo'n hapus gyda 'mherfformiad personol i. Rodd cinio swyddogol yn uchelfanne'r Stade de France yn dilyn y gêm ac rodd hi'n braf iawn ca'l cwrdd unwaith eto gyda hen ffrindie o dîm Clermont, yng ngharfan

Ffrainc y nosweth 'ny, Pierre Mignoni, Elvis Vermeulen ac Aurélien Rougerie. Fe 'nes i 'ngore gallwn i i gynnal y sgwrs rhyngddon ni mewn Ffrangeg ond rodd yn rhaid i fi ddibynnu weithie ar y ffaith fod gafel dda iawn 'da Aurélien ar y Saesneg.

Erbyn i ni adel y stadiwm rodd hi'n hwyr iawn, wrth gwrs – do'dd y gêm ei hunan ddim wedi dod i ben tan tua chwarter i un ar ddeg – ond fe geson ni amser i ga'l un gwydred bach o win mewn bar ar bwys y gwesty cyn mynd i'r gwely. Do'n i ddim mewn hast mawr i roi 'y mhen i lawr achos ro'n i'n gw'bod bydde'r adrenalin yn dal i lifo trwy 'nghorff i gan 'y nghadw i ar ddihun am rai orie.

Yr Eidal 23 Cymru 20
Stadio Flaminio, Dydd Sadwrn,10 Mawrth

Rodd 'da ni bythefnos cyn i ni fynd i Rufain i whare yn erbyn yr Eidal. Mae'r Stadio Flaminio'n gwbl wahanol i'r meysydd erill yng nghystadleueth y Chwe Gwlad ac rwy i'n hoff iawn o whare yno. Yn y lle cynta, mae'n agored iawn, gyda dim ond un eisteddle cymharol fach, sy'n rhoi rhyw awyrgylch arbennig iawn i'r maes. Yn ail, mae hi'n stadiwm llai o lawer na'r gweddill, gan ddal ond ychydig dros ugain mil.

Rodd tipyn o waith 'da ni i neud yn y Vale cyn cyrradd Rhufain. Un o'r pethe a gafodd sylw arbennig, wrth i ni neud 'yn gwaith dadansoddi, odd y ffordd rodd yr Eidal yn defnyddio'r dull 'blitz' wrth amddiffyn – sef dod â'r llinell amddiffyn fel un gadwyn fawr ar draws y cae o'r tir agored am i mewn, tuag at y fan lle mae'r bêl. Ond er 'yn bod ni'n barod am hynny, fe ddefnyddion nhw'r dacteg honno'n llwyddiannus iawn i'n rhwystro ni yn y Stadio Flaminio. Eto pan odd y bêl 'da ni yn yr hanner cynta ro'n i'n edrych yn eitha siarp ond fe wastraffon ni sawl cyfle da i roi dynion yn glir.

Er bod yr Eidal yn amddiffyn yn dda ro'n ni'n eitha ffyddiog y gallen ni ga'l y gore arnyn nhw ac yn wir fe sgorion ni gais pert, wrth i James Hook gico i fwlch dros eu llinell amddiffyn, a'r bêl yn adlamu i ddwylo Tom Shanklin cyn iddo roi Shane drosodd. Ond cyn hanner amser fe darodd yr Eidal 'nôl gyda chais braidd yn lwcus, wrth i Robertson gico drwodd a thirio, wedi i un o ymosodiade Cymru dorri lawr unwaith eto tua'u llinell 22 nhw. O ganlyniad rodd yr Eidal ar y blân o 13 i 7 ar yr egwyl.

Fel y digwyddodd hi, weles i mo'r cais hwnnw gan 'y mod i'n gweld sêr ar y pryd! Ychydig cyn hynny ro'n i'n gorwedd ar y ddaear ar ôl taclo Parisse, eu rhif 8 nhw, pan dda'th dwrn o rywle a'n nharo i ar belen 'yn llygad. Rodd yn rhaid i fi adel y cae i ga'l pwythe ac, er 'y mod i'n ysu am ga'l mynd 'nôl i whare, ro'n i'n falch iawn bod hanner amser ar gyrradd er mwyn i fi ga'l mwy o amser i ddod at 'yn hunan yn iawn. Ro'n i'n meddwl bo fi'n ddigon da ar gyfer yr ail hanner ac fe ddechreuson ni ar ras gan sgori 13 pwynt mewn 12 muned. Eto, ro'n i'n gw'bod nag o'n i'n teimlo gant y cant ac y bydde angen ychydig bach o amser arna i i whare'n hunan 'nôl i mewn i'r gêm. Am y rheswm 'ny fe ofynnes i James Hook gymryd y cicie ac fe na'th e'n arbennig o dda gan drosi cais Mathew Rees a chico dwy gôl gosb.

Ond fe lwyddodd yr Azzurri i frwydro'u ffordd 'nôl, gan dagu 'yn hymdrechion ni i symud y bêl a llwyddo dro ar ôl tro i ennill tir trwy ddefnyddio'u blaenwyr cadarn i ddrifo mlân yn gryf ac yn effeithiol. Fe geson nhw gic gosb arall a chais gan Mauro Bergamasco wrth iddo fe dirio'n dilyn cic fach dros 'yn llinell amddiffyn ni gan Ramiro Pez. Ond erbyn hynny ro'n i wedi gorfod gadel y cae unwaith eto oherwydd anaf i 'ngarddwrn i.

Dw i ddim yn cofio shwd ddigwyddodd e ond rodd taclo a thrafod y bêl wedi mynd yn boenus iawn. Ar ben hynna rodd 'y mhen i fel ta fe'n llawn wadin a'n llygad i'n eitha poenus o hyd ar ôl y wad ges i yn yr hanner cynta.Y canlyniad odd i fi golli'r ddrama fawr ar ddiwedd y gêm pan gafodd tîm Cymru ei gamarwain gan y dyfarnwr, Chris White. Ro'n nhw'n credu iddo ddweud bod amser 'da nhw i gymryd llinell yn yr eiliade ola, yn dilyn cic gosb, ac ynte wedyn yn newid ei feddwl ac yn chwibanu bod y gêm ar ben cyn i Gymru allu cymryd y llinell – y sgôr terfynol felly odd 23–20 i'r Eidal. Mae'n debyg i Gareth Thomas, y capten wedi i fi adel y cae, ddadle'n daer gyda'r dyfarnwr ar ôl ei benderfyniad annheg, ond dda'th dim byd o hynny.

Rodd y stafell newid unwaith eto'n fflat iawn. Er gwaetha'r holl waith paratoi caled ro'n ni wedi'i neud ro'n ni'n gw'bod y gallen ni fod wedi whare'n well ac y dylen ni fod wedi ennill. O ran y tactege yn ystod y gêm fe nethon ni ddau gamgymeriad falle. Yn gynta, buon ni'n araf iawn yn yr hanner cynta'n ymateb i'r ffaith bod yr Eidalwyr yn tynnu dau flaenwr mas o'r llinelle ac yn eu rhoi nhw ymhlith yr olwyr, er mwyn osgoi rhoi lle i'n holwyr ni greu rhywbeth y tu ôl. Yn nes mlân yn y gêm, wedi i ni sylwi ar hyn, fe ddefnyddion ni fwy ar 'yn blaenwyr i yrru mlân o'r llinelle, gan orfodi'r Eidal i symud y ddau flaenwr hynny 'nôl mewn i'r sgarmesi.

Yn ail, rodd hi'n rhan o'n cynllun ni o'r dechre i beidio â rhoi llinelle i'r Eidal. Hynny yw, y bwriad odd osgoi cico'r bêl dros yr ystlys gyment â phosibl. Y rheswm am hynna odd bod eu blaenwyr nhw'n effeithiol dros ben wrth ennill pêl ar eu tafliad eu hunen a gyrru mlân yn gryf wedyn. Ond yn yr ail hanner rodd gwynt cryf y tu cefen i ni. Yn hytrach na dewis ennill tir sylweddol trwy ddefnyddio'r gwynt i gico'r bêl dros yr ystlys, ymhell i lawr yn hanner yr Eidal a threfnu'n hamddiffyn ni'n fwy effeithiol yn erbyn hyrddiad blaenwyr y gleision fydde'n dilyn y llinell honno, fe garion ni mlân â'r un dacteg odd 'da ni yn yr hanner cynta.

Y nosweth 'ny a'th y ddau dîm i'r cinio swyddogol arferol, gafodd ei gynnal mewn gwesty lleol, gan nad odd cyfleustere addas yn y Stadio Flaminio ei hunan. 'Swn i wedi bod wrth 'y modd yn mynd gyda nhw ond ro'n i'n teimlo'n eitha clwc ar ôl y gêm felly fe es i 'nôl i'r gwesty ac i'r gwely, a man 'ny bues i tan y bore wedyn. Rodd y daith 'nôl i Gaerdydd yn hunllef. Yn gynta, oherwydd bod rhyw gamgymeriad yn y gwaith papur ynglŷn â phwy ddyle fod yn teithio, fe fuodd 'yn hawyren ni'n sefyll ar y tarmac am ddwy awr, a ninne i gyd yn eistedd ynddi. Wedyn, ym maes awyr Caerdydd, fe fu'n rhaid i ni ddisgwyl 45 muned am 'yn bagiau i gyrradd ar y *carousel*, gyda llwyth o gefnogwyr yn ca'l tipyn o sbort wrth dynnu arnon ni.

Erbyn y dydd Mawrth rodd 'yn llygad i lot yn well. Wrth gwrs, er na sylwodd y dyfarnwr na'r llumanwr ar ergyd Mauro Bergamasco ar y pryd, rodd y digwyddiad iddi weld yn blaen ar y teledu. O ganlyniad, fe gafodd yr Eidalwr ei wahardd am dair wythnos. Rwy'n ei nabod e'n eitha da, oherwydd ei fod e'n ffrindie gyda Gonzalo Canale, canolwr yr Eidal, sy'n whare i Clermont. Whare teg iddo fe, sgrifennodd ata i ychydig ddyddie ar ôl ei wrandawiad yn Nulyn i ymddiheuro ac i ddweud nad odd hi ddim yn fwriad 'da fe i'n nharo i ar 'yn wyneb – does dim hawl cysylltu â'r sawl a ddioddefodd cyn y gwrandawiad. Dyma fe'n cysylltu â fi wedyn, wedi i'r gwaharddiad ddod i ben, trwy neges destun gan ymddiheuro am y ffaith nad odd modd iddo fe drio ca'l gafel arna i'n gynt a chan ddweud ei fod e'n gobeithio bod yr anaf wedi gwella'n iawn.

Er gwaetha'r holl gorddi odd yn dal i ddigwydd am safle'r maswr yn nhîm Cymru a phwy ddyle fod yn gapten, ro'n i wrth 'y modd, pan gyhoeddwyd, y dydd Mawrth wedyn, y tîm i whare yn erbyn Lloegr ar y dydd Sadwrn, a bod digon o ffydd 'da Gareth Jenkins ynddo i o hyd. Ro'n i'n edrych mlân yn fawr at y gêm honno, am nifer o resymau. Yn gynta, ro'n ni'n whare gartre ar ôl bod bant am dair gêm. Ar ben hynny ro'n ni i gyd yn y garfan yn daer iawn am ga'l un cyfle ola i weld pethe'n dod i fwcwl o'r diwedd ac i gau penne rhai aelode o'r wasg. Hefyd, mae wynebu Lloegr, a chael cyfle iddi maeddu nhw, yn golygu rhywbeth arbennig iawn i unrhyw un sy'n whare i Gymru. Ond fe ges i siom anferth. Fel rodd y sesiwn ymarfer sgilie yn mynd yn ei blân ar ôl dychwelyd, ro'n i'n sylweddoli bod yr anaf i 'ngarddwrn i, a achosodd i fi adel y cae yn erbyn yr Eidal, yn boenus o hyd a bod trafod pêl yn anodd – a hynna hyd yn oed ar ôl tri diwrnod o orffwys.

O ganlyniad fe dynnes i mas o'r sesiwn ac fe a'th y ffisiotherapydd â fi i'r ysbyty i ga'l archwiliad. Ro'n i wedi torri asgwrn yn yr arddwrn, ddim ymhell o waelod y bys bawd, ac rodd disgwyl na fydden i'n whare gêm am ryw dair wythnos. Dyma fi'n ffono Gareth ar unwaith o'r ysbyty a whare teg iddo, ar ôl dweud pa mor flin odd e bo fi'n gorfod tynnu mas o'r tîm fe ofynnodd i fi os nelen i ddal i aros yn y Vale er mwyn bod yn gefen i'r bois erill. Ar y dydd Mercher fe weles i arbenigwr yn yr ysbyty ac fe gafodd yr arddwrn ei rhoi mewn sblint.

Wrth gwrs, rodd y ffaith nag o'n i'n mynd i whare yn erbyn Lloegr yn stori fawr yn y wasg ac fe fuodd lot o holi a thrafod ynglŷn â'r hyn odd wedi digwydd. Rhai'n amau'r gwirionedd, ond, fel y dwedes i, rodd yr esboniad yn un syml dros ben. Do'n i ddim yn awyddus iawn i fod yn destun y trafod hwnnw, o dan yr amgylchiade. Beth bynnag, mae gan Undeb Rygbi Cymru gytundeb gyda'r cyfrynge bod rhyw bymtheg o aelode'r garfan ar ga'l ar gyfer neud cyfweliade. Ond ma 'na reol arall hefyd yn dweud mai dim ond ar ryw un awr benodol yn ystod yr wythnos y bydd y wharaewyr yn rhydd i gynnal y cyfweliade hyn – heblaw bod rhyw stori arbennig iawn yn torri.

Er gwaetha'r prognosis y bydden i'n ffaelu whare am ryw dair wythnos rodd 'yn sylw i'n bersonol nawr ar rownd yr wyth ola yng Nghwpan Heineken ac ar gêm y Sgarlets yn erbyn Munster ymhen pythefnos. Ro'n i'n benderfynol o whare ynddi ac er y bydde'r anaf yn siŵr o effeithio ar 'y mharatoade i ro'n i'n gw'bod ei bod hi'n bwysig iawn i fi barhau i weithio ar 'yn ffitrwydd. Yn ystod bore Sadwrn y gêm yn erbyn Lloegr fe es i am sesiwn ffitrwydd yn y Vale ac yna ymuno â'r bois ar y bws ar gyfer y daith i'r Stadiwm. Fe gadwes i bant o'r stafell newid cyn y gêm ond bues i'n gwylio'r gêm o'r fainc ar ochor y cae.

Ar y diwrnod fe a'th popeth fel watsh i ni ac ro'n i mor falch dros y bois. Ro'n ni i gyd yn gw'bod bod 'da ni garfan dalentog iawn odd wedi ffaelu dangos ei gwir ddonie yn ystod y tymor – tan y prynhawn hwnnw. Cyn y gêm hon, bob tro bydde'r tîm yn colli, bydden ni'n dod o dan fwy a mwy o bwyse ac yn denu mwy a mwy o feirniadaeth, a hynny er gwaetha'r holl waith caled odd wedi'i neud dros whech wythnos y Bencampwrieth. Rodd e'n deimlad mor braf gweld y gwaith hwnnw'n dwyn ffrwyth o'r diwedd, gyda phawb yn whare ei ran, a'r bois yn maeddu Lloegr o 27 i 18 – sgôr nad odd falle'n dangos yn iawn gyment gwell tîm o'n ni na'r Saeson.

Fe ymunes i â'r dathlu yn y stafell newid, profiad rodd y bois yn haeddu ei fwynhau, cyn iddyn nhw neud eu ffordd i'r cinio swyddogol. Fe benderfynes i anelu am gartre er mwyn rhoi 'yn nhrâd lan a mwynhau *Match of the Day*. Wedi'r cyfan, rodd angen bod yn garcus er mwyn neud yn siŵr bo fi'n holliach ar gyfer Munster.

HER OLA'R HEINEKEN

Sgarlets 24 Munster 15

Cwpan Heineken, Nos Wener, 30 Mawrth

Y N YSTOD HOLL DENSIYNE Pencampwrieth y Chwe Gwlad rodd Phil Davies a'r bois ar y Strade yn gymorth mawr i fi. Yna, yn dilyn gêm Lloegr, ac ynte'n ymwybodol o'r ffaith 'mod i wedi bod o dan dipyn o bwyse, fe ofynnodd Phil i fi a licen i gymryd y dydd Llun a'r dydd Mawrth bant. Felly lan â fi i Newcastle-under-Lyme i aros gyda 'mrawd, Marc, a Helen ei wraig, a mwynhau dau ddiwrnod o ymlacio braf yn eu cwmni nhw.

'Nôl wedyn i baratoi ar gyfer Munster ac ar y dydd Sul cyn y gêm fe a'th y garfan i gyd lawr i Saundersfoot. Rodd nifer ohonon ni wedi bod bant ar ddyletswydd Pencampwrieth y Chwe Gwlad, felly rodd syniad Phil o ga'l pawb at 'i gilydd lawr yn Sir Benfro wedi i ni ddod 'nôl yn un ardderchog. Do'dd y rhaglen ymarfer ddim yn wahanol iawn i beth fydden ni wedi'i neud ar y Strade ond fe ddechreuodd Phil gyda chyflwyniad fideo arbennig o effeithiol i'n paratoi ni ar gyfer y dasg odd yn 'yn hwynebu ni.

Ro'n ni'n aros yng Ngwesty St. Brides lle rodd bob cysur ar 'yn cyfer ni – jacuzzi, sauna, bwyd da a golygfa wych ar draws y bae. Fe roiodd e gyfle ardderchog i bawb glosio at ei gilydd unwaith eto ac fe geson ni dipyn o hwyl wrth gymdeithasu gyda'n gilydd ar hyd yr wythnos. Rodd lot o sbort i'w ga'l wrth i'r criw o fois ifanc, fel Darren Daniel, Ceiron Thomas a Gavin Evans 'yn pryfocio ni, yr 'hen fois', a ninne'n tynnu 'u coes nhw 'nôl. Ar ben hynny, rodd Regan King yn dipyn o donic gyda'i hiwmor arbennig e. Ond fe geson ni gwpwl o ddyddie o waith paratoi caled 'fyd, gyda Wayne Proctor, 'yn hyfforddwr ffitrwydd ni ar y Strade, ar 'y ngwar i o hyd gyda'i ymarferion, a finne yn y diwedd yn trio cwato oddi wrtho fe.

Rodd 'da ni'r parch mwya tuag at dîm Munster ac rodd eu record nhw o whare mewn whech rownd gynderfynol y Cwpan Heineken, a thair ffeinal, yn dweud y cyfan. Ro'n nhw'n dîm cryf dros ben, yn gorfforol ac yn feddyliol, ac yn bwysicach na dim y nhw odd deiliaid y Cwpan ar y pryd.

Rodd 'na awyrgylch ffantastig o gwmpas y Strade am orie cyn y gic gynta gyda'r ddwy garfan o gefnogwyr yn amlwg yn mwynhau eu hunen ac yn awchu am y frwydr odd i ddod. Daeth Derek Quinnell, un o gynarwyr y Sgarlets, Cymru a'r Llewod, i'r stafell newid cyn y gêm i gyflwyno'r cryse i'r wharaewyr ac i bwysleisio ei bod hi'n fraint i ni ga'l cynrychioli Clwb Llanelli ar achlysur mor bwysig. Rwy'n gredwr cryf yn yr arferiad o ga'l cyn-wharaewyr disglair i ysbrydoli'r bois cyn rhyw gêm fawr. Yn gynharach yn y tymor fe geson ni gyfraniade gwerthfawr tebyg gan Jonathan Davies a Phil Bennet.

Yn sicr fe fu geirie Derek yn hwb mawr i ni ac fe ethon ni mas ar y cae ar dân yn erbyn Munster. O'n rhan i'n bersonol rodd y bys bawd yn iawn ond rodd yn rhaid i fi wisgo pad i arbed rhywfaint arno fe a chymryd tabledi lladd poen. Whare teg i Wayne Proctor, rodd i waith e yn Saundersfoot wedi talu ffordd, ac er ei bod hi'n ddydd Mercher arna i'n dala pêl am y tro cynta ar ôl ca'l yr anaf – dim ond dau ddiwrnod cyn y gêm – ro'n i nawr yn barod amdani.

O'r dechre fe lwyddon ni i gadw'r bêl yn dda ac i roi'r patryme ro'n ni wedi bod yn eu hymarfer ar waith yn effeithiol. Un o'r ffactore mwya dylanwadol odd bod pac Munster, a hwnnw'n cynnwys nifer o flaenwyr tîm Iwerddon, wedi ca'l eu dofi gan wyth y Sgarlets, yn enwedig gan y pump blân – er mai dyna'r tro cynta rodd 'yn pac ni wedi whare gyda'i gilydd ers rhyw saith wythnos. Ro'n ni ar y blân o 17-0 erbyn yr hanner a do'dd y Gwyddelod ddim yn hapus o gwbwl.

Fe gafodd Ronan O'Gara a fi gwpwl o eirie oddi ar y bêl, pan o'n ni'n pwyso ar eu llinell gais nhw. Rodd un o fois Munster yn gorwedd ar waelod sgarmes, ac wedi rhoi ei law ar y bêl i drio 'yn rhwystro ni rhag ca'l meddiant cyflym – mae'r dechneg o arafu'r bêl wedi ca'l ei pherffeithio gan y Gwyddelod yn ystod y blynyddoedd diwetha, ar lefel clwb ac ar lefel ryngwladol! Felly, dyma fi'n trio crafu'r bêl oddi yno gyda'n nhroed ond fe gredodd Ronan, gan nad odd e'n gallu gweld yn iawn, 'mod i'n neud rhywbeth gwaeth o lawer, ac a'th e braidd yn grac wrtha i!

Ryn' ni'n dod mlân yn dda iawn fel arfer ac mae 'da fi'r parch mwya iddo fe fel wharaewr, ond am eiliad neu ddwy do'n ni ddim yn ffrindie o gwbl! A dweud y gwir, fe ddylwn i, yn dechnegol, fod wedi ca'l 'y nghosbi am y digwyddiad. Yn ôl y rheole mae'n rhaid i wharaewr sy'n defnyddio'i droed, yn y ffordd netho i yn yr achos hwn, wthio'i droed sha 'nôl er mwyn ca'l y bêl o 'na. Rwy'n cyfadde y bu'n rhaid i'n nhroed i roi pwyse sha lawr 'fyd.

Yn ystod yr egwyl fe bwysleisiodd Phil ei bod hi'n bwysig 'yn bod ni'n mynd mas ar gyfer yr ail hanner gan gymryd mai 0-0 odd y sgôr a bod angen perfformiad tebyg i'r un roison ni yn yr hanner cynta. Ro'n i'n hanner disgwyl i Munster ddod 'nôl yn gryf a whare yn eu ffordd glinigol arferol nhw. Ond er iddyn nhw godi'u gêm fe lwyddon ni iddi rhwystro nhw rhag cadw digon o'r bêl i achosi gormod o brobleme i ni. Fe sgoron nhw gais a chic gosb i'n bygwth ni am sbel fach ond fe geson ni fuddugolieth eitha cyfforddus yn y diwedd o 24–15, gyda Munster yn sgori cais arall yn y munude ola i neud y sgôr yn fwy parchus.

Rodd rhai yn meddwl 'yn bod ni wedi ca'l sawl cam gan Chris White, y dyfarnwr – fe alwodd e Mark Jones yn ôl, wrth i hwnnw garlamu am y llinell gais. Ym marn y dyfarnwr rodd y bas gafodd e mlân – ond do'dd miloedd o gefnogwyr y Sgarlets ddim yn cytuno! Yna, yn ôl y sôn, fe ffaelodd e weld Christian Cullen, cefnwr Munster, yn taclo Mark yn hwyr wedi iddo gico'r bêl heibio iddo am y llinell gais. Yn yr achos hwnnw, mae'n debyg, fe ddewisodd y dyfarnwr anwybyddu cyngor Tony Spredbury, y llumanwr, a dynnodd ei sylw at y dacl hwyr. Er hyn i gyd fyddwn ni, fel wharaewyr, byth yn gadel i benderfyniade o'r fath effeithio ar 'yn gêm ni. Fe fyddwn ni'n trio canolbwyntio ar yr hyn sy'n digwydd ac sy i ddod, gan roi unrhyw siom y tu cefen i ni. Felly, chafodd y 'cam' geson ni gan y dyfarnwr ddim effeth ar 'yn gêm ni.

Fel mae'n digwydd mae Chris White yn un o'r dyfarnwyr gore yn 'y marn i. Mae 'da fe ddau beth arbennig o'i blaid. Yn gynta, fe fydd e bob amser yn egluro'i benderfyniade'n glir wrth y wharaewyr ac yn ail mae e'n gyson iawn yn y ffordd mae e'n dehongli'r rheole. Eto, rodd un o'i benderfyniade'n ystod y gêm yn erbyn Munster yn eitha anarferol – fe gas Ronan O'Gara ei rybuddio ganddo am regi – arwydd falle o'r rhwystredigeth a demlai'r Gwyddelod o ganlyniad i ymdrechion taer Llanelli.

Fe geson ni fwyd yn y clwb gyda bois Munster ar ôl y gêm a tra o'n ni wedi dwli 'yn bod ni trwyddo i'r rownd gyn-derfynol rodd y Gwyddelod yn naturiol yn siomedig iawn. Eto i gyd, ro'n nhw'n gwbl broffesiynol yn y ffordd y nethon nhw gydnabod 'yn llwyddiant ni. Yn ystod gême'r Chwe Gwlad rodd carfan Llanelli ar chwâl braidd ac yn y cyfnod 'ny fe gafodd pedwar babi eu geni gyda Simon Easterby, Dafydd Jones, Mathew Watkins ac Aled Gravelle bellach yn dade. Felly y nosweth ar ôl gêm Munster fe geson ni i gyd ddathliad bach ym Mhen-y-bont ar Ogwr, i wlychu penne'r babis, a'r tade!

Sgarlets 53 Y Gororau 11
Cynghrair Magners, Dydd Sadwrn, 7 Ebrill

Wythnos yn ddiweddarach ro'n ni 'nôl ar y Strade i whare'n erbyn tîm y Gororau a odd, ar un ystyr, yn dipyn o anti-cleimacs ar ôl holl fwrlwm gêm Munster. Ond ro'n ni yn y ras o hyd i ennill Cynghrair Magners, felly rodd yn rhaid i ni drio bod ar 'yn gore unwaith eto. A dyna ddigwyddodd wrth i ni whare rygbi eitha pert a sgori naw cais.

Rhaid cydnabod ei bod hi'n anodd ar wharaewyr tîm y Gororau, oherwydd bod Undeb Rygbi'r Alban wedi penderfynu ca'l gwared arnyn nhw fel tîm rhanbarthol ar ddiwedd y tymor. Rodd y wharaewyr felly'n ansicr iawn o'u dyfodol ar y lefel ucha. O ganlyniad, do'dd dim lot o galon yn eu whare.

Y nosweth 'ny hefyd odd y tro ola y byddwn i'n whare yn erbyn Gregor Townsend – maswr mae 'da fi lot o barch iddo, gan ei fod e'n rhoi'r gore iddi fel wharaewr ar ddiwedd y tymor. Y tro cynta i fi gynrychioli Clermont rodd Greg yn whare yn 'yn herbyn ni, i dîm Montpellier. Mae e'n siarad Ffrangeg yn rhugl ac rodd e, hefyd, wrth ei fodd mas yn Ffrainc, lle buodd e'n whare i Brive ac i Castres yn ogystal.

Caerlŷr 33 Sgarlets 17
Cwpan Heineken, Dydd Sadwrn, 21 Ebrill

Es i ddim draw i Limerick i whare yn erbyn Munster yng Nghynghrair Magners. Gan fod rownd gyn-derfynol yr Heineken yn erbyn Caerlŷr wythnos yn ddiweddarach, rodd Phil wedi penderfynu rhoi seibiant i'r rhan fwya o'r garfan ar gyfer yr ymweliad â'r Iwerddon, gan ddewis nifer o'r bechgyn ifanc yn y garfan. Do'dd hi ddim yn syndod felly i'r Sgarlets golli o 20–0 ond yn sicr fe fydde'r profiad gafodd y bois yno o fudd i ni fel clwb yn y dyfodol.

A'th y gwaith paratoi ar gyfer y gêm fawr yn Stadiwm Walker yn dda iawn ac ro'n ni i gyd ar dân wrth deithio lan i Gaerlŷr ar y prynhawn dydd Iau. Fe geson ni ymarfer yn y Stadiwm ar y prynhawn dydd Gwener ac ro'n i'n hyderus y bydden ni'n neud yn dda iawn yno'r diwrnod wedyn. Ro'n i'n gw'bod bod Caerlŷr yn whare gêm syml odd wedi'i seilio ar bŵer ac y bydden nhw wedi ca'l eu paratoi'n drylwyr gan eu hyfforddwr, Pat Howard.

Rwy'n nabod Pat yn dda. Buodd e'n whare ac yn hyfforddi Caerlŷr cyn iddo ddychwelyd i Awstralia a whare i'r Brumbies, fel canolwr. Wedyn da'th 'nôl i Ewrop ac ymuno â Montferrand yn gynta ac yna Clermont am flwyddyn. Pan adawodd e Clermont y fi symudodd i mewn iddi *apartment* e. Ond er yr holl lwyddiant rodd e wedi ei ga'l gyda Chaerlŷr, ro'n ni fel tîm yn ffyddiog y galle'n steil arbennig ni o ware fod yn drech na nhw. Eto, ro'n ni'n ymwybodol na fydde cae Stadiwm Walker ddim yn llydan iawn gan fod Caerlŷr wedi'i gulhau gyment â phosibl o fewn y rheole.

Rodd 'yn gwesty ni tua hanner awr o daith o'r Stadiwm ond fel ro'n ni'n agosáu ro'n ni'n gallu gweld faint o gefnogwyr odd wedi dod lan o Lanelli. Rodd y lle'n fôr o goch ac rodd hynny'n hwb mawr i ni. Do'dd dim ishe llawer o eirie yn y stafell newid cyn y gêm i'n hatgoffa ni pa mor bwysig odd y gêm i ni fel clwb. Ond rodd 'na un cyfeiriad arbennig iawn a wna'th 'yn hysbrydoli ni i gyd – sef y bydde Grav, mae'n siŵr, yn ysu am 'yn gweld ni'n neud yn dda y prynhawn 'ny.

Mae Ray'n berson sbesial iawn i'r Sgarlets, nid yn unig am ei fod e'n Llywydd ar hyn o bryd, ond am fod ei frwdfrydedd e dros y clwb yn eithriadol ac yn effeithio ar bawb sy'n ymwneud â'r Strade. Fel wharaewr, a gafodd ei feithrin gan Lanelli, da'th yn un o sêr y gêm. Ers ei gyfnod fel wharaewr mae e wedi bod yn batrwm i bob un a wisgodd y crys sgarlet o'r hyn y dylai teyrngarwch i glwb ei olygu.

Daeth y newydd, ddechre mis Ebrill, am y llawdrinieth gynta y bu'n rhaid iddo ei chael fel rhyw gwmwl dros y clwb ac, unwaith eto, ganol y mis pan glywon ni ei fod e wedi colli rhan o'i goes. Fe fues i a Dwayne Peel lawr iddi weld e yn yr ysbyty gwpwl o weithie ac rodd ei ysbryd e'n rhyfeddol o styried beth rodd e wedi mynd trwyddo. Dw i ddim yn gw'bod shwd odd e'n gallu cadw i fynd bryd hynny gan fod cyment o bobol ishe galw iddi weld e.

Eto i gyd, diwrnod siomedig geson ni yn Stadiwm Walker. Pob clod i Gaerlŷr, y nhw odd y tîm gore. Ond ro'n ni'n siomedig iawn â'n perfformiad ni achos ro'n ni'n gw'bod y dylen ni fod wedi neud yn well. Rodd y Teigrod yn arbennig o effeithiol yn ardal y dacl ac fe gollon ni lawer gormod o'r bêl yn yr agwedd honno o'r gêm. Y canlyniad odd y buodd yn rhaid i ni roi llawer gormod o ddynion i mewn er mwyn sicrhau'r bêl gan

adel llai o'n wharaewyr ni tu fas i fod ar ga'l i ymosod.
Fe drion ni ledu'r bêl ar bob cyfle ond' rodd amddiffyn
Caerlŷr yn rhy gadarn. Er y bydd gyda ni ddigon o
amrywieth yn 'yn gêm fel arfer fuon ni ddim yn ddigon
clefar ar y diwrnod i addasu 'yn ffordd ni o whare i
ymateb i'r hyn ro'n ni'n 'i weld o'n blaene.

Ro'n ni'n dal yn y gêm ar hanner amser, er 'yn bod
ni ar ei hôl hi o 16–10. Wedyn, pan ethon ni ar y blân
yn dilyn cais gan Mathew Rees yn gynnar yn yr ail
hanner, ro'n i'n meddwl bod cyfle da 'da ni i fynd â hi.
Ar y pwynt 'ny fe ddylen ni fod wedi newid 'yn tactege
mewn dwy ffordd. Yn y lle cynta, dylwn i fod wedi cico
mwy i ennill tir. Yn ail, rodd 'yn hymosodiade ni yn rhai
un-dimensiwn gan 'yn bod ni'n tueddu mynd ar draws
y cae o hyd ac yn neud eu gwaith nhw o amddiffyn
yn rhwydd. Fe ddylen ni fod wedi ymosod drwy drio
bwrw lan trwy'r canol yn amlach. Ond mae'n ddigon
rhwydd bod yn ddoeth wrth edrych yn ôl.

Ffaelon ni adeiladu ar 'yn mantes ac o fewn dim
rodd Andy Goode wedi rhoi'r Teigrod 'nôl ar y blân
gyda chais wrth iddo ga'l meddiant sydyn ar ôl i
Gaerlŷr ddwyn y bêl oddi ar Barrie Davies yn y dacl.
O hynny mlân ro'n nhw ar dân a ninne'n blino mwy a
mwy wrth amddiffyn yn ddi-stop ac, o ganlyniad, heb
lawer o awch wrth drio ymosod. Fe ildion ni ddau gais
arall, i Jennings a Deacon. Gorffennodd Andy Goode
y gêm gyda chyfanswm o 23 pwynt iddi enw. Rodd y
freuddwyd ar ben am eleni 'to.

Does dim rhaid dweud bod y stafell newid yn fflat
iawn wedyn. Driodd Phil godi 'yn calonne gan dynnu'n

sylw at y ffaith 'yn bod ni wedi cyflawni llawer yn ystod y tymor a bod yn rhaid i ni adeiladu ar hynny ar gyfer y tymor nesa. Ond ro'n ni'r wharaewyr yn gw'bod 'yn bod ni wedi ca'l 'yn maeddu'n lân y prynhawn hwnnw ac mae hynna bob amser yn anodd iddi gymryd. Fe alwon ni yng Nghlwb Golff y Belfrey i ga'l swper ar 'yn ffordd gartre a chyrradd 'nôl yn hwyr nos Sadwrn yn Llanelli, yn griw digalon iawn.

Sgarlets 6 Gweilch 19
Cynghrair Magners, Nos Fawrth, 24 Ebrill

Rodd 'na sesiwn ymarfer wedi ei threfnu ar y dydd Llun, gan fod gêm bwysig gyda ni'n erbyn y Gweilch ar y nos Fawrth. Ond do'dd dim lot o hwyl ar neb, gyda rhai o'r bois yn stiff iawn o hyd ar ôl ymdrechion y dydd Sadwrn cynt. Felly cerdded drwy'r sesiwn na'th y rhan fwya ohonon ni – do'dd hynny ddim yn ffordd effeithiol iawn o baratoi ar gyfer y frwydr odd yn 'yn hwynebu ni y nosweth wedyn. Ro'n ni'n sylweddoli y bydde'r Gweilch, serch hynny, yn eitha ffres gan nad o'n nhw ddim wedi whare ers rhyw ddeg diwrnod.

Gêm siomedig odd hi gyda'r glaw a'r gwynt yn rhwystro'r ddau dîm rhag whare rygbi agored ac fe drodd yr ornest yn frwydr rhwng y blaenwyr. Do'dd dim llawer ynddi tan i Shane Williams ar ôl yr egwyl, gyda rhediad gwefreiddiol, yn ddwfn o'i hanner ei hun, baratoi'r ffordd i James Hook groesi am gais yn y gornel. Yn wir, fe dreulion ni amser hir yn hanner y Gweilch yn dilyn yr egwyl. Ond, unwaith eto, wrth ddewis lledu'r bêl neu gico i ennill tir a chael llinell, fe wrthodon ni sawl cyfle i fynd am y pyst a thrio rhoi pwyntie ar y sgorfwrdd.

Mae hyn yn rhywbeth y dylen ni fod wedi rhoi mwy o sylw iddo yn ystod y tymor, falle. Y Sgarlets yw'r unig dîm yng Nghynghrair Magners sy heb gico un gôl adlam yn ystod y tymor. Nawr, mae gôl adlam yn opsiwn hawdd iawn i dîm sy'n ymosod ac mae 'na dipyn o bwyntie ar ga'l o'i chyflawni'n llwyddiannus. Felly, mae'n rhaid i ni weithio ar hyn ar gyfer y tymor nesa. Bydd yn rhaid i ni 'fyd roi sylw i'r pwynt bonws sy ar ga'l i dîm sy wedi colli gêm, ond sy'n gorffen o fewn saith pwynt i'r tîm buddugol. Mewn sawl un o'r gême gollon ni leni dw i ddim yn meddwl 'yn bod ni wedi bod yn ddigon taer i ennill y pwynt bonws 'na. Ry'n ni wedi bod yn rhy barod i symud y bêl, yn lle sicrhau pwyntie trwy drosi cicie. Fe fydde'n wir dweud hefyd bod y rhan fwya o'r gême gollon ni wedi bod ar ddiwrnode gwlyb a diflas a dyw hynny ddim yn siwto'r gêm agored ry'n ni'n lico'i whare – ar wahân, wrth gwrs, i'r fuddugolieth wych 'na yn erbyn Ulster yn y Cwpan Heineken. Felly, dyna reswm arall, falle, pam y dylen ni fod ychydig bach yn fwy gofalus y tymor nesa o ran y tactege y byddwn ni'n eu defnyddio.

Rodd amddiffyn y Gweilch yn wych y noswaith 'ny ac fe lwyddon nhw bob tro i'n rhwystro ni rhag torri trwyddo. Ar ben hynny fe gafodd James Hook gêm arbennig o dda. Rodd e'n gyfrifol am bob un o bwyntie'r Gweilch gan sgori ym mhob ffordd bosibl – cais, trosiad, 3 gôl gosb a gôl adlam – *full house*. Fe lwyddes i i neud hynny unwaith ac fe alla i gadarnhau ei fod e'n brofiad arbennig.

Ond dyw e byth yn deimlad dymunol i golli i un o'n 'gelynion' lleol ni yng Nghymru, fel y Gweilch. Wedi'r cyfan, heblaw am wharaewyr 'yn clwb ni 'yn hunen, yng nghwmni wharaewyr clybie Cymru y byddwn ni'n cymdeithasu fel arfer, am nifer o resyme. Felly, fe fydd yn rhaid diodde tipyn o glochdar ganddyn nhw am beth amser wedi i ni golli iddyn nhw. Ar ben hynna, pedwar diwrnod cyn y gêm yn erbyn y Gweilch, rodd y Sgarlets yn y ras i ennill Cwpan Heineken ac i ennill Cynghrair Magners. Ond ar ôl colli yn eu herbyn nhw ro'n ni nawr yn mynd i orffen y tymor heb ennill unrhyw beth, ac rodd hynny'n dipyn o siom. Ond dyna sy'n rhaid i wharaewr proffesiynol ei dderbyn, mewn unrhyw faes, sef y bydd yn rhaid iddo brofi yn ystod ei yrfa nifer fawr o emosiyne gwahanol.

Sgarlets 42 Caeredin 17
Cynghrair Magners, Dydd Sul, 29 Ebrill

Ar ôl yr hyn ddigwyddodd yn ystod y diwrnode diwetha rodd hi'n waith anodd iawn codi'n hunan ar gyfer y gêm hon. Ro'n ni fel tîm, yn naturiol, yn eitha digalon yn mynd i mewn iddi. Wedi'r cyfan, do'dd dim llawer o bwysigrwydd i'r canlyniad o safbwynt y naill dîm na'r llall. Yn hynna o beth mae lot i'w ddweud dros y drefen sy'n wynebu prif glybie Lloegr a Ffrainc. Bydd nifer ohonyn nhw, ar ddiwedd y tymor, yn ymladd i osgoi disgyn ac o ganlyniad mae hynna'n dod â thipyn o awch i mewn i gême fydde fel arall yn eitha marwaidd.

Rwy'n cofio mynd i Bayonne i whare gyda Clermont, a'r tîm cartre mewn perygl o ddisgyn i'r Ail Adran. Dyna un o'r gême mwya tanllyd a gwyllt rwy i eriod wedi whare ynddi. Ar y llaw arall mae 'na dipyn o gwyno wedi bod yn Lloegr bod nifer o dime, oherwydd eu bod nhw'n ofni colli gême, a thrwy hynny'n cwmpo yn agos at waelod y tabl, yn dewis peidio whare rygbi agored ac yn whare gêm deit iawn. Mae'n anodd ei chael hi bob ffordd ond at ei gilydd mae'r cyfle ry'n ni'n ga'l i whare rygbi agored o dan drefen Cynghrair Magners yn rhywbeth rwy i'n ei werthfawrogi'n fawr iawn.

Ro'n i'n sylweddoli, serch hynny, bod yn rhaid i fi fod yn broffesiynol o ran 'yn agwedd i tuag at y gêm yn erbyn Caeredin a bod rhaid trio neud yn siŵr 'y bydden i'n perfformio hyd eitha 'ngallu. Fe na'th un ffactor neud i fi fynd i mewn i'r gêm 'ny gyda rhywfaint o dân yn 'y mola. Pan edryches i ar y rhaglen yn y stafell newid ro'n i'n gallu gweld bod nifer o'u wharaewyr nhw yn nhîm yr Alban na'th racso tîm Cymru rai wythnose ynghynt. Yn sicr, do'n i ddim ishe ca'l profiad fel'na 'to. Ac yn wir fe nethon ni'n dda iawn gan whare rygbi agored, pymtheg dyn. Yn gynnar yn y gêm ro'n ni wedi mynd ar y blân o 21–3, diolch yn benna i ddau ryng-gipiad a arweiniodd at geisie, ac rodd hi'n mynd i fod yn anodd i'r ymwelwyr ddod 'nôl iddi ar ôl hynna. Fe ges i, hyd yn oed, gyfle i groesi am gais, felly rodd y gêm yn eitha cofiadawy ar lefel bersonol.

Sgarlets 38 Gleision Caerdydd 10
Cynghrair Magners, Nos Fawrth, 1 Mai

Bellach, ar ôl ailennill rhywfaint o hunan barch yn erbyn Caeredin, ro'n ni'n edrych mlân at groesawu Caerdydd i'r Strade, a nhwythe yn y ffrâm o hyd i ennill Cynghrair Magners. Rodd y tywydd sych a chyflwr y cae'n 'yn siwto ni i'r dim, ac, wrth gwrs, ro'n nhw'n dioddef o un rhwystr seicolegol – do'dd y Gleision eriod wedi ennill ar y Strade ers sefydlu'r time rhanbarthol yng Nghymru. Gan mai hon fydde 'ngêm ola i ar y Strade y tymor hwn – rodd Phil wedi dweud ei fod e am roi cyfle i'r bois ifanc yn y garfan yn erbyn Connacht yr wythnos wedyn – ro'n i'n benderfynol o neud argraff. Rodd hi'n bwysig i fi bo fi'n bennu'r tymor ar nodyn positif.

A dyna ddigwyddodd. Fe lwyddon ni i gadw'r bêl yn effeithiol yn yr ugain munud cynta ac er bod eu hamddiffyn nhw'n gryf fe ethon ni ar y blân o 14–0 erbyn hanner amser. Daeth Caerdydd 'nôl iddi gyda chais gan Xavier Rush ond yna, 13 munud cyn y diwedd, fe geson ni gais yn dilyn rhyng-gipiad gan Barry Davies a fwrodd y stwffin mas o'r Gleision. Cyn y diwedd rodd Barry a Mathew Watkins wedi sgori ail gais yr un ac fe orffennes i gyda chyfanswm o 18 pwynt, ar ôl tri throsiad a phedair cic gosb. Rodd hynny'n golygu bo fi wedi llwyddo gyda 74.6% o gicie at y pyst dros y Sgarlets yn ystod y tymor, ffigwr rwy i'n ddigon ples ag e. Felly da'th 'y nhymor i i ben ar Fai 5ed, odd yn grêt o'i gymharu â shwd odd hi arna i wrth whare i Clermont y llynedd. Yno, fe fuon ni'n whare gême cynghrair tan Fehefin 5ed.

Ro'n i wedi mwynhau 'y nhymor cynta 'nôl ar y Strade'n fawr iawn. Rodd cyment yn newydd i fi pan ddes i 'nôl i Glwb y Sgarlets gan fod yr hyffordwyr a nifer fawr o'r garfan wedi newid. Ro'n i'n dechre 'na gyda slaten lân ond mae popeth wedi gwitho mas yn wych. Sdim llawer o bobol yn gallu dweud ar fore Llun eu bod nhw'n wirioneddol yn edrych mlân at fynd i'r gwaith ond dyna fu 'y nheimlade i wrth baratoi at fynd i'r Strade ar ddechre pob wythnos.

Rwy i wrth 'y modd gyda'r ffordd mae'r Sgarlets yn whare'r gêm ac mae'n glod mawr i Phil a'r tîm hyfforddi bod y byd rygbi'n gyffredinol wedi bod yn canmol 'yn steil agored ni. Rodd hi'n grêt hefyd gweld wharaewyr ifanc fel Gavin Evans, Ceiron Thomas, Ken Owens, Morgan Stoddart, Darren Daniel a Liam Davies yn ca'l eu cyfle i ddatblygu. Yn y gêm ola yn erbyn Connacht, rodd whech o wharaewyr y tîm o dan 23 oed, sy'n argoeli'n arbennig o dda ar gyfer y dyfodol. Ond, yn fwy na dim, oherwydd y pwyse odd wedi bod arna i yng ngharfan Cymru, o ran anafiade, dyfodol y gaptenieth a'n lle i yn y tîm cenedlaethol, mae'r Strade hefyd wedi bod yn rhyw fath o ddihangfa bwysig i fi yn ystod y tymor ac rodd y gefnogeth a ges i gan Phil a'r bois yn sbesial iawn.

Mae'n dda gweld hefyd bod rygbi yn y clybie rhanbarthol yng Nghymru bellach yn cymharu'n deg â'r safon mewn unrhyw ran arall o Brydain, ac Ewrop hefyd. Rodd hi'n ddiddorol gweld bod Cwmni

Magners, wrth ddewis y pymtheg wharaewr gore yn eu
Cynghrair nhw leni, wedi enwi naw aelod o'r pedwar
clwb rhanbarthol yng Nghymru a phedwar o'r rheiny,
sef Regan King, Simon Easterby, Mathew Rees a Iestyn
Thomas, yn whare i'r Sgarlets.

Rwy'n hapus iawn â'r ffordd rwy i'n bersonol wedi
dod i arfer â'r gêm fel mae hi'n ca'l ei whare yma o
gymharu â Ffrainc. Yno, bydde'r olwyr yn gorwedd yn
ddyfnach o lawer ac yn rhedeg yn galetach at y bêl.
Beth rodd yn fwy anodd i fi dderbyn, yn 'y nhymor
cynta i 'nôl, odd agwedd negyddol, ymosodol y wasg
yng Nghymru tuag at y tîm cenedlaethol yn enwedig.

Wrth gwrs bydde gohebwyr rygbi yn Ffrainc yn
ca'l achos i feirniadu weithie ond at ei gilydd mae eu
hagwedd nhw'n llawer mwy positif ac adeiladol. Ond
un peth yng Nghymru rwy'n ei groesawu'n fawr yw'r
cyfle i ga'l sbel fach ar ddiwedd y tymor cyn dechre
cyfnod o ymarfer yn raddol ar gyfer y tymor newydd.
Yn Ffrainc do'dd hynny ddim yn digwydd. Rodd y
tymor yno'n bennu mor hwyr ac yna'n dechre mor
gynnar fel mai dim ond cyfle i ga'l ychydig o wylie odd
'da ni cyn y bydden ni 'nôl yn whare *flat out*. Mae ca'l
cyfnod o baratoi gan bwyll bach ar gyfer tymor arall yn
bwysig iawn yn 'y marn i.

Fe fu Clermont wrthi'n whare'n hwyr iawn y tymor
'ma. Fe nethon nhw'n ardderchog i ennill Tlws y Parker
Pen gyda buddugolieth wych yn erbyn Caerfaddon yn
y rownd derfynol. Fe wnes i hedfan draw yno, yng
nghwmni Alun Wyn Bevan, iddi gweld nhw'n maeddu
Toulouse yn y rownd gyn-derfynol. Mae Alun, yn sgil

ei waith gyda'r rhaglen deledu *Le Rugby,* wedi dod yn ffrindie mawr â Neil McIlroy, rheolwr Clermont ac fe ges i fynd draw gydag e i weld y gêm. Am y tro cynta ers amser maith ro'n i'n ca'l mynd i weld gêm fel cefnogwr ac rodd e'n deimlad braf iawn.

Rodd gêm ola'r tymor i Clermont yn un holl bwysig. Ro'n nhw'n whare yn erbyn Stade Francais i benderfynu pwy fydde pencampwyr yr Adran Gyntaf yn Ffrainc. Yn anffodus, y tîm o Baris a fu'n fuddugol ac rodd bois Clermont, yn ôl ambell i sgwrs ffôn ges i wedi'r gêm, yn ofnadwy o siomedig. Fe ges i brofiad, am y tro cynta, o fod yn ail lais i sylwebeth raenus Alun Wyn Bevan, ar dellediad S4C o'r gêm derfynol. Fe wnes i fwynhau'n fawr ac mae llawer o'r diolch i Alun am neud i fi deimlo mor gartrefol. Ond rwy'n sylweddoli bod angen tipyn o bractis ar rywun fel fi cyn y galla i deimlo'n gwbl gyfforddus wrth wneud sylwebeth ail lais hyd yn oed. Erbyn hyn, mae Clermont eisoes yn paratoi ar gyfer y tymor nesa ac wedi arwyddo nifer o wharaewyr newydd o safon, fel Smit, cyn-gapten De'r Affrig; y Ffrancwyr, Baby, Bonnaire a Joubert; ac Alex King o Wasps.

Ond gyda charfan Cymru ar gyfer Cwpan y Byd y bydd 'y ngwaith paratoi i'n digwydd dros yr haf ac fe fydd e'n gyfnod digon bishi, rwy'n siŵr. Yn ogystal â'r ymarfer y bydd yn rhaid i ni neud fel tîm mae 'da fi waith datblygu 'y ngêm bersonol, rwy'n gw'bod hynny. Rwy'n bwriadu gweithio ar 'y nghyflymdra, ymarfer mwy ar gico gyda 'nhroed whith, sef y wanna o'r ddwy, ac fe fydda i hefyd yn ymarfer cymryd y bêl yn gynharach i 'nwylo – dala 'mreichie, wrth dderbyn y bêl, yn nes at y sawl sy'n pasio i fi, fel y bydd hi'n 'y nghyrradd i hanner eiliad yn gynt.

Mae 'da fi, hefyd, waith dadansoddi i'w neud. Trwy astudio tapie fideo a thrafod, mae angen i fi ddeall shwd mae time erill yn trefnu eu hamddiffyn a shwd y dylwn i fel maswr ymateb i hynny. Er enghraifft, ydy eu rhif 13 nhw yn y canol yn tueddu dod i mewn i daclo 'yn rhif 12 ni. Os felly, ydyn nhw'n gwyro ar draws y cae wrth amddiffyn ac ydyn nhw'n gadel bylche y gallwn ni fanteisio arnyn nhw? Mewn geirie erill, mae 'da fi waith dysgu shwd mae bod yn fwy clefar yn ystod gêm, sy'n rhywbeth mae gofyn i wharaewyr ymhob safle neud wrth gwrs.

Ar ben hyn i gyd fe fydd ystadege perfformio 'da'n hyfforddwyr ffitrwydd ni ar gyfer pob aelod o'r garfan ac fe fydd 'na raglen wedi ei threfnu'n arbennig ar gyfer pob unigolyn, gyda'r bwriad o wella ar yr ystadege 'ny. Dyw'r gêm byth yn aros yn llonydd, felly mae'n bwysig 'yn bod ni, fel wharaewyr, yn datblygu ac yn gwitho ar 'yn gwendide ni. A rwy i'n bersonol yn edrych mlân yn fawr iawn at y sialens honno dros yr wythnose nesa.

Yn y cyfamser mae 'na ddau beth pwysig 'da fi i neud ac mae un ohonyn nhw'n llawer mwy pleserus na'r llall. Yn gynta, cario mlân i whilo am dŷ. Erbyn hyn rwy i wedi gweld eitha tipyn a'r unig benderfyniad rwy i wedi neud yw y bydd y tŷ newydd rhywle yn agos at yr M4 rhwng Caerdydd a Llanelli. Yn ail, rwy'n mynd am ychydig o wylie i wlad Groeg ac yn edrych mlân at hynny mas draw.

TRWYN AR Y MAEN

D O'N I ERIOD WEDI bod i wlad Groeg ond fe fydda i'n siŵr o fynd 'nôl 'na ar ôl treulio wythnos fendigedig ar un o ynysoedd tawela'r wlad. Mae un o'n ffrindie i'n caru gyda merch o Athen ac mae'r ddau ohonyn nhw ar hyn o bryd yn rhedeg safle *chalets* yn eiddo i'w theulu hi yn Lorisos ar ynys Alomissos, heb fod ymhell o ynys Skiathos. Dyma nhw'n 'y ngwadd i a Gwenno i fynd draw 'na… ac fe neidion ni at y cyfle.

Fe fuodd Gwenno, sy'n dod o Landeilo, a finne'n caru am rai blynyddoedd wedi i fi adel yr ysgol ond yna fe ethon ni i gyfeiriade gwahanol a da'th y berthynas i ben. Mae'r rhod wedi troi'n llwyr erbyn hyn ac ry'n ni 'nôl gyda'n gilydd nawr ers rhai misoedd. Fe fu'r gwylie'n gyfnod o ymlacio pur… cerdded y decllath o'r chalet i mewn i'r môr, gorwedd yn yr haul, ychydig bach o snorcelo (mae'n ffrind i'n hyfforddwr deifio profiadol), beicio rhywfaint i ddod i nabod yr ynys a gwledda ar y bwydydd traddodiadol. Ta pa mor heulog fydd y tywydd a lle bynnag y bydda i'n mynd, fydda i byth yn ca'l llawer o liw haul ac o ganlyniad fe wnath y bois dynnu tipyn ar 'y nghoes i, ar ôl i ni ddod 'nôl, bo fi wedi treulio'r wythnos yn y cysgod!

Yna, 'nôl i neud tipyn o waith caled. Mae Marc, 'y mrawd, a finne wedi prynu tŷ lan yn ardal Stoke on Trent sy'n ca'l ei osod i fyfyrwyr. Rodd angen neud tipyn o waith ar y tŷ a'r ardd, felly, fe es i lan i aros 'da fe a Helen am ychydig o ddyddie. Ond fe ddylwn i ychwanegu 'mod i'n fwy o labrwr na dim byd arall a'n bod ni'n ca'l crefftwyr go iawn i mewn pan fo angen neud rhywbeth o safon!

Oherwydd galwade rygbi'n benna, fydda i ddim yn ca'l cyfle i weld 'y mrawd yn aml, felly rodd hi'n braf iawn ca'l treulio ychydig o amser yng nghwmni'n gilydd. Hefyd, ar ôl dod gartre o Stoke fe ges i gyfle i enjoio cymdeithasu rhywfaint gyda'n ffrindie heb fod gofynion rygbi'n pwyso. Er hynny, ar ôl rhyw dair wythnos o seibiant, fe benderfynes i fynd i'r *gym* ar y Strade i drio ca'l siâp ar bethe. Ro'n i'n gw'bod bod sesiyne ffitrwydd swyddogol tîm Cymru ar fin dechre – wedi eu paratoi'n arbennig ar gyfer yr aelode o'r garfan odd ddim wedi mynd i Awstralia. Rodd y sesiwn gynta'n sioc enfawr i'r system ac ro'n i'n stryglo'n ofnadwy i neud tasge 'y byddwn i'n teimlo'n gartrefol iawn yn eu gneud ar ddiwedd y tymor cynt.

Eto, ro'n i'n falch iawn 'mod i wedi diodde ar y Strade am yr ychydig ddyddie 'ny achos fe geson ni'n taflu dros 'yn penne a'n clustie i drefen profi ffitrwydd yr Undeb Rygbi y bore Llun wedyn. Yn ystod y cyfnod hwn ro'n ni i gyd yn byw gartre, felly rodd ishe codi'n gynnar iawn er mwyn teithio lan i Gaerdydd o Lan-y-Fferi i gyrradd y Vale erbyn wyth o'r gloch y bore.

Rodd Lorisos i'w weld yn bell iawn bant erbyn 'ny!

Rodd y pwysles y diwrnod cynta ar fesur stamina'r wharaewyr ar gyfer sbrinto. Y patrwm rodd rhaid i bawb ei ddilyn odd deg sbrint o 40 metr yr un, gyda saib o 25 eiliad rhwng pob un, gyda pheirianne pwrpasol yn mesur 'yn perfformiad ni. Yna, ar y dydd Mawrth rodd hi'n ddiwrnod neud ymarferion codi pwyse i gryfhau gwahanol ranne o'r corff a chofnodi'r ystadege ar gyfer pob unigolyn. Yn naturiol, mae gwahanol dasge codi pwyse'n fwy perthnasol i rai wharaewyr nag erill – bydde'r rheng flân yn rhoi mwy o sylw i gryfhau cyhyre'r gwddwg nag y bydde asgellwr, ac yn hynny o beth mae'r rhaglenni codi pwyse wedi ca'l eu teilwra i ateb gofynion yr unigolyn.

Ar y dydd Mercher buon ni lan yn labordy gwyddor chwaraeon Prifysgol Mogannwg yn Nhreforest yn neud profion ar y peiriant rhedeg sy'n dangos pa mor effeithiol ro'n ni wrth droi ocsigen yn garbon diocsid – sy'n arwydd o ffitrwydd. Y broses odd rhedeg ar lwyfan y peiriant wrth i'r llwyfan hwnnw gyflymu a chodi'n raddol. Pan fydde pob unigolyn yn teimlo ei fod o fewn hanner munud i gyrradd eitha ei allu ar y peiriant ac ar fin 'bwrw'r wal' bydde'r tîm dadansoddi'n rhoi math o fwgwd am y geg i gasglu a mesur yr ocsigen a gâi ei anadlu mas yn ystod yr hanner munud hwnnw. Mae'n debyg bod siort Steve Ovett a Seb Coe slawer dydd yn anadlu allan tua 90 mililitr o ocsigen wrth neud prawf tebyg a bod disgwyl i wharaewr rygbi rhyngwladol y dyddie hyn gyrradd lleiafswm o 55 mililitr. Ro'n i'n falch o glywed mai 'yn ffigwr i odd tua 60 mililitr –

bron cystal â'r un gore ohonon ni ar y diwrnod 'ny...
a Peely odd hwnnw! Rodd y dydd Iau, diolch byth, yn
ddiwrnod bant, yna 'nôl â ni ar y dydd Gwener am fwy
o sesiyne cyflymdra a chodi pwyse.

Ers yr wythnos gynta fe fuon ni'n gwitho patrwm
o dri diwrnod o ymarfer, yna un diwrnod bant, yna
dau ddiwrnod o ymarfer a dau ddiwrnod bant. Nethon
ni hefyd rannu'n ddau grŵp, yn Orllewin a Dwyrain.
Hynny yw, bydde bois y Gorllewin yn ymarfer ym
Mhrifysgol Abertawe am ddau ddiwrnod bob wythnos
a bois y Dwyrain yn UWIC. O dan ofal Mark Bennet
a Ryan Campbell rodd y grwpie, gyda'r ddau ohonyn
nhw'n ymweld â'r ddau leoliad am yn ail. Fe fydden
ni wedyn yn treulio dau ddiwrnod yn ymarfer gyda'n
gilydd yn y Vale a diwrnod arall mewn llefydd gwahanol,
fel yn y Labordy neu'n rhedeg lan a lawr y twyni ym
Merthyr Mawr. Mae ca'l amrywieth i'r patrwm ymarfer
yn hollbwysig.

Ar ôl yr wythnos gynta honno o brofi ffitrwydd
fe gafodd rhaglen ymarfer bersonol ei pharatoi ar
gyfer pob unigolyn. Bydde pawb yn gorfod neud yr
un ymarferion drosodd a throsodd, ac oherwydd
hynny do'dd dim disgwyl i'r unigolyn gyrradd safon
ei berfformiad gore bob tro – wrth godi pwyse, bydde
rhaglen wedi ei llunio fydde'n disgwyl iddo gyrradd
hyd at 80% o eitha'i allu. Yr esboniad am hyn odd bod
gofyn iddo gwblhau ymarfer whech gwaith ar ôl ei
gilydd, neu bydde disgwyl iddo gyrradd hyd at 90% o'i
eitha os odd i gwblhau'r rhaglen dair gwaith ar ôl ei
gilydd. Bydde rhaglen rhai wharaewyr wedi ei llunio

fel eu bod nhw'n ca'l gwared ar fraster ond yn cynyddu más y cyhyre a hynny heb golli pwyse. Bydde gofyn i rai erill ddilyn rhaglen fydde'n sicrhau eu bod nhw'n rhoi pwyse mlân, tra bod rhaid i rai, wedyn, gadw'r un pwyse.

Ar ben hyn i gyd bydde Dan King, maethegydd, yn cydweithio gyda'r hyfforddwyr ffitrwydd i ddarparu *sachets* arbennig. Mae'r *sachets* hyn yn cynnwys cyfuniade o gliwcos, creatine a fitamine gwahanol, i'w cymryd mewn dŵr, cyn ac ar ôl pob sesiwn ymarfer, i hybu'r prosese hyn. Mae'r holl raglen wedi'i chynllunio fel bod cyrff y wharaewyr drwy'r amser yn ymladd yn erbyn y ffaith eu bod nhw wedi blino, fel bod lefel ffitrwydd pawb yn codi.

Felly, wedi i ni ga'l 'yn hasesu ar ôl tair wythnos o ddilyn y rhaglen, rodd hi'n braf iawn gweld 'yn bod ni i gyd wedi gwella o ran 'yn ffitrwydd. Ond, bob hyn a hyn, ynghanol yr holl weithgarwch hyn, fe fydda i'n gorfod gwenu pan fydda i'n meddwl pa mor wahanol fydde pethe pan ddechreues i whare i Gymru.

Wrth gwrs, prif waith Dan King yw gofalu bod yr hyn y byddwn ni'n ei fwyta'n iachus, yn faethlon ac yn gymwys i'r wharaewyr gyrradd a chynnal pa gyflwr neu bwyse arbennig mae'r tîm hyfforddi wedi ei nodi ar eu cyfer nhw. Fe sy'n dewis y bwydlenni ar 'yn cyfer ni yn y Vale, neu ble bynnag y byddwn ni'n aros, ac yn hynny o beth mae e'n cydweithio'n agos gyda'r cogyddion. Ar ôl derbyn cynghorion Dan bydd y wharaewyr i gyd yn gw'bod pa fathe o fwyd sy'n dda neu'n ddrwg iddyn nhw ac mae'r ffaith eu bod nhw'n llwyddo i gadw at y canllawie hynny'n destun balchder iddyn nhw. Er hyn mae'n rhaid cyfadde bod ambell i un, yn enwedig ar ôl cyfnod arbennig o galed o ymarfer, yn gorfod ildio i demtasiwn ac yn cripian draw i'r *café* yn y Vale i brynu bar o siocled.

Dim ond un rheol bendant sy 'na i'r garfan o ran yfed alcohol ac mae'n bod ers tro. Os yw wharaewr yn ca'l anaf, mewn gêm neu sesiwn ymarfer, dyw e ddim i fod gymryd diferyn o alcohol y diwrnod 'ny oherwydd bydde hynny'n rhwystr rhag i'r corff wella. Y rheswm dros ga'l rheol fel'na, am wn i, yw y bydde hi mor hawdd i wharaewr a gâi ei anafu gymryd diod heb feddwl mewn derbyniad yn dilyn gêm. Does dim angen unrhyw reol arall achos mae'r garfan yn gw'bod yn ddigon da bod cymeryd alcohol, yn enwedig yn ystod cyfnod prysur o whare neu ymarfer, yn gallu dylanwadu ar berfformiad ac y bydde unrhyw un fydde wedi diota'n diodde cyment mwy wedyn.

Dyw hynny ddim yn golygu bod pob un yn llwyrymwrthodwr am fisoedd ar eu hyd. Yn ystod y tair wythnos hyn o brofi ffitrwydd 'dw i ddim wedi ca'l diferyn o alcohol. Eto, fe fydda i'n mynd mas am bryd o fwyd gyda ffrindie yn ystod y penwythnos nesa ac fe fydda i'n siŵr o ga'l glased bach o win. Mae'r penderfyniad i yfed alcohol neu beido, i fi, yn fater o synnwyr cyffredin.

Rwy'n cymeryd diddordeb arbennig mewn bwyd a diet y dyddie hyn. Y cyfnod hales i yn Clermont falle, i ddechre, odd yn gyfrifol am hyn. Rodd cyment o'r sgwrso a chymment o'n cymdeithasu ni fel wharaewyr yn troi o gwmpas tai byta, pryde bwyd a gwinoedd. Bob amser cinio, ar ôl bore bishi o ymarfer, bydden ni i gyd yn troi am *restaurant* cyfagos – ac rodd digon o rai ardderchog ar bwys. Ar ben hynny fe fydden i, a finne'n byw mewn fflat, yn byta mas gyda'r nos hefyd fel arfer.

Pleser pur odd y bwyd. I ddechre rodd y cynnyrch i gyd yn lleol ac yn ffres, dim byd o dun na phaced. Rodd y dewis ar y fwydlen bob amser yn amrywiol, yn flasus ac at ei gilydd yn iachus. Ar ben hynny rodd nifer o'r bechgyn yn dod o wahanol ranbarthe yn Ffrainc ac yn ymfalchïo yn eu gwybodeth am fwyd. O ganlyniad bydde hynny'n aml yn arwain at drafod a dadle brwd. Bydde rhai a odd yn dod o dde Ffrainc yn cwyno nad odd digon o bysgod ar ga'l yn nhai byta Clermont tra bod y bois lleol yn cyhuddo ambell i un ohonyn nhw o ffaelu â sylweddoli pa mor flasus odd y bîff lleol – un o hoff fwydydd yr ardal. Bydde'r un math o ddadle yn digwydd hefyd ynglŷn â pha ardaloedd odd yn cynhyrchu'r gwin gore. O'n rhan i, ro'n i'n enjoio pob dim! Eto, er gwaetha'r holl wledda 'ma, fe golles i damed bach o bwyse tra bues i yn Ffrainc ac fe gwympodd lefel y braster yn 'y nghorff i. Des i 'nôl i Lanelli yn gw'bod tipyn mwy am fwydydd a gwinoedd nag o'n i'n w'bod cyn mynd i Ffrainc ac yn gwerthfawrogi'n fwy o lawer y pleser odd i'w ga'l o fynd mas am bryd o fwyd i dŷ byta neis.

Ychydig fisoedd yn ôl ro'n i a Dwayne wedi bod yn trafod y ffaith fod cyn lleied o dai byta o safon yn ardal Llanelli. Wrth ddreifio heibio Doc y Gogledd yn y dre a sylwi ar adeilad yr hen Dŷ Pwmp dyma'r ddau ohonon ni'n cytuno y bydde hi'n eitha syniad pe bydde modd ei droi fe'n dŷ byta. Ro'n ni'n gw'bod bod y Cyngor Sir, mewn partnerieth â'r Cynulliad, yn bwriadu hala lot o arian i ddatblygu'r ardal ac fe fyddylion ni y bydde hi'n syniad petaen ni'n ca'l bod yn rhan o'r cynllun.

Dyma ni'n sôn am hyn wrth Robert Williams, dyn busnes lleol a chadeirydd Grŵp WRW – y cwmni adeiladu, sy'n noddi'r Sgarlets. Yn rhyfedd iawn rodd e ei hunan wedi bod yn meddwl ar hyd yr un llinelle ac fe gytunon ni mai'r person delfrydol i redeg tŷ byta o'r fath fydde Simon Wright, a fu'n gyfrifol, gyda'i wraig a chwpwl arall am neud llwyddiant mawr o dŷ byta'r Polyn, yn Nantgaredig – un o'n hoff lefydd byta i. Mae Simon yn gyn-olygydd ar yr *AA Restaurant Guide* ac mae'n ymgynghorydd tai byta i Gordon Ramsay yn y gyfres *Ramsay's Kitchen Nightmares*. O ganlyniad i hyn, ar ôl cyfres o drafodaethe a chyflwyno cynllunie manwl, cafodd cwmni Bendigo 9–10 ei ffurfio. Daw'r enw o'r gair 'bendigedig' ac oes, mae na arwyddocâd i'r ddau rif o gofio pwy yw'r ddau whariewr rygbi sy'n rhan o'r fenter – fi a Peely. Rob, a Simon yw'r partnerieid erill. Fe na'th 'yn cais ni argraff ar yr awdurdode a fydd yn datblygu'r ardal – un rheswm yw bod 'yn cynllunie ni'n llawer mwy diddorol ac uchelgeisiol na jest agor tŷ byta.

Fe fydd lle i 120 o bobol i fwyta 'na ond, mewn cydweithrediad â Choleg Sir Gâr, y gobeth yw mai'r Tŷ Pwmp hefyd fydd Academi Cogyddion Cymru – y cynta yn y wlad, ar gyfer myfyrwyr mwya addawol Adran

Arlwyo'r Coleg. Wedi i'r myfyrwyr gore hyn hala whech mis yn cwblhau gwaith theoretig y cwrs, y bwriad yw iddyn nhw dreulio whech mis wedyn yn magu profiad fel cogyddion yn y Tŷ Pwmp, gan ennill cymwystere NVQ ar yr un pryd. Tra bydden nhw yno fe fydden nhw'n ca'l eu hyfforddi gan y prif gogydd, Maryann, gwraig Simon, a'r cogyddion erill. Un agwedd gyffrous arall ar y datblygiad yw'r bwriad i adeiladu llawr *mezzanine* ychwanegol, yn eistedd 20 o bobol fydd yn gallu edrych i lawr a gwylio'r cogyddion wrth eu gwaith yn y gegin. Mae'r prosiect yn golygu bod angen llawer o waith cynllunio ac adeiladu ond ry'n ni'n gobeithio y bydd y cyfan ar agor erbyn dechre'r flwyddyn 2009.

Ond mae 'na dipyn o waith i'w wneud hyd yn oed yn y dyddie cynnar hyn. Ar ôl i'r tymor orffen ym mis Mai a'th Dwayne a fi (rodd 'yn partneriaid ni'n dau'n gwitho, gwaetha'r modd) gyda Simon a Rob a'u gwragedd lan i Lunadain am gwpwl o ddiwrnode er mwyn ca'l y profiad o weld shwd mae rhai o dai bwytai gore Llundain yn ca'l eu rhedeg. Buon ni'n ca'l pryd yn Scott's, Tom's Kitchen, Bluebird a Galvin's er mwyn ca'l cyfle i sylwi'n fanwl ar gynllunie'r gwahanol lefydd hyn, safon eu gwasaneth, lleoliad manne dosbarthu'r pryde bwyd, y croeso odd i'w ga'l ynddyn nhw, safon y bwyd a manylion pwysig erill.

Yn ystod bob pryd bwyd fe fu Simon yn addysgu'r gweddill ohonon ni ar wahanol agwedde o'r busnes ac mae'n rhaid i fi ddweud bod y cyfan wedi bod yn agoriad llygad. Do'n ni ddim wedi dweud wrth neb yn y llefydd hyn pam ro'n ni i gyd yno. Ond yn ystod 'yn hymweliad ni â Galvin's, sy'n ca'l ei redeg gan Chris Galvin a'i frawd, fe ddigwyddodd Chris ei hun daro i mewn yno a sylwi bod Simon ymhlith ei gwsmeried. Maen nhw'n nabod ei gilydd yn dda ac fe geson ni groeso cynnes iawn 'da fe. Daeth e i eistedd wrth 'yn bwrdd ni ac fe fuon ni'n trafod tipyn ar fenter Bendigo 9–10.

Yn ddiddorol iawn rodd un o'i gogyddion gore fe – odd yn anffodus bant yn yr Alban y nosweth 'ny, yn ferch 29 oed o Gydweli. Cyn madel â'r cwmni fe gyhoeddodd Chris, whare teg iddo, nad o'n ni ddim i dalu ceiniog am y pryd bendigedig geson ni yno. Rodd yr ymweliad â Llundain yn bleserus a buddiol dros ben ac rwy'n edrych mlân yn fawr yn awr at weld y Tŷ Pwmp yn dod yn un o brif lefydd byta Sir Gâr.

Mae'n rhaid bod y sôn wedi dechre lledaenu am ddiddordeb Dwayne a fi mewn bwyd a byta achos fe fu'n rhaid i'r ddau ohonon ni, ychydig o wythnose ar ôl profi donie rhai o *chefs* gore Llundain, ddangos pa mor handi ro'n ni yn y gegin. Rodd papur y *Llanelli Star* wedi trefnu cystadleueth ac rodd yr enillydd yn ca'l cymryd rhan mewn cystadleueth goginio arbennig o'r enw *Ready Stradey Cook* yng Ngwesty'r Stradey Park. Yn y gystadleueth gynta rodd y ferch fach a enillodd gystadleueth y *Star* yn cystadlu, gyda chymorth *chef*, yn erbyn Dwayne a *chef* arall.

Yn yr ail gystadleueth ro'n i'n cystadlu yn erbyn Garan Evans i weld pwy odd y gore ohonon ni am neud *kebab* cig oen ar wely o gnau pîn a salad, gyda'r gynulleidfa'n beirniadu. Mae'n dda 'da fi ddweud taw

y fi enillodd ond do'dd hi ddim lot o gamp, achos mae
Garan yn anobeithiol yn y gegin. Dw i ddim yn credu y
caiff e job yn y Tŷ Pwmp ar ôl iddo fe roi'r gore i whare
rygbi! Ond y peth pwysig odd bod y nosweth honno
wedi codi tipyn o arian at achos da a bod pawb wedi
ca'l lot fawr o sbort.

O ran y rygbi rodd y pwysles erbyn hyn, wrth gwrs,
ar baratoi ar gyfer Cwpan y Byd. Ar ôl bod wrthi am
dair wythnos yn canolbwyntio ar ffitrwydd fe ymunodd
gweddill y garfan – y bois a fu ar daith yn Awstralia, â
ni yn y Vale. Yn anffodus fe gynhaliwyd y ddwy gêm
brawf yn erbyn Awstralia tra o'n i ar ynys Alomissos,
felly ches i ddim cyfle iddi gweld nhw ond fe ddarllenes
i ychydig o adroddiade ar y we. Ar wahân i ffonio
Gareth Thomas cyn y prawf cynta i ddymuno'n dda
iddo fel capten ches i ddim cysylltiad â'r bois odd mas
'na tan iddyn nhw ddod 'nôl. Yn naturiol ro'n nhw'n
siomedig iawn gyda'r ddau ganlyniad, yn enwedig a
nhwythe wedi dod mor agos at ennill y prawf cynta.

Erbyn hyn mae'r garfan wedi bod yn rhoi sylw
i'r sgilie sylfaenol. Mae Roland Phillips wedi bod yn
canolbwyntio ar agwedde technegol y dacl, tra bod
Nigel Davies wedi bod yn rhoi sylw i'r ffyrdd o ddal
pêl a'i phasio ac am yr angen am ABC da – *Agility
Before Contact*. Hynny yw mae gofyn i'r ymosodwr
drio defnyddio technege osgoi wrth fynd i mewn i
dacl ac mae'n rhaid iddo *fe* allu rheoli'r wharaewr sy'n
amddiffyn – a nid y ffordd arall rownd. Mae'n rhaid iddo
fe drio bwrw'r taclwr oddi ar ei echel, trwy ddefnyddio
dullie osgoi, fel ei fod e'n gallu drifo mlân trwy'r dacl

a, thrwy hynny, rwystro'r taclwr rhag arafu'r bêl. Bydd siawns iddo fe wedyn neud lle iddo fe ei hunan er mwyn gallu parhau â'r ymosodiad trwy ddadlwytho'r bêl yn gyflym yn y dacl. Bydd hyn bob amser yn creu probleme i'r amddiffyn o achos bydd gan y tîm sy'n ymosod wharaewyr yn rhydd ac yn rhedeg ar garlam i barhau'r symudiad – gan na fydd angen dynion i fynd i mewn i ardal y dacl i drio ennill y bêl.

Rwy wedi mwynhau'r agwedd hon o'r ymarfer yn fawr iawn yn ystod y dyddie diwetha. Rwy'n credu, o'n safbwynt i'n bersonol, bod 'y nghoese i'n gryfach o lawer erbyn hyn a bo fi'n llawer mwy heini, ac oherwydd hynny, yn fwy cyffordddus yn ardal y dacl. Does dim dwywaith bod ardal y dacl yn un o'r agwedde pwysica yn y gêm fodern. Y tîm sy'n rheoli'r rhan honno o'r whare sy, fel arfer, yn ennill. Yn ogystal â'r ABC mae nerth ac ystwythder yn holl bwysig, yn enwedig wrth amddiffyn.

O ran 'y ngêm bersonol i rwy wedi manteisio ar y cyfle i weithio ar 'y nghicio gyda Neil Jenkins. Mae'r gic droellog yn iawn 'da fi ond mae angen gwella rhywfaint ar 'y nghicio i gyda'r droed whith ac mae ishe sylw ar y gic adlam hefyd. Rwy wedi tueddu cymeryd gormod o amser wrth drosglwyddo'r bêl o'r dwylo i'r droed. Rwy'n ca'l hyfforddiant gan Neil nawr i drio dal y bêl yn is, tra'i bod hi yn y dwylo a chyn ei gollwng hi i'r droed, a thrwy hynny sicrhau bod annel y gic yn fwy cywir. Rhwng popeth, alla i ddweud â'n llaw ar 'y nghalon nad wy' i ddim, ers blynyddoedd, wedi teimlo cyment ar dân cyn unrhyw gêm na chystadleueth ag rwy'n teimlo nawr yn y cyfnod 'ma cyn Cwpan y Byd.

Rwy'n gw'bod bod yr hen ddadleuon yn dal i ga'l eu corddi, yn enwedig yn y ddau bapur newydd 'cenedlaethol Saesneg' pa un ai fi neu James yw'r maswr gore – er na fydda i byth yn eu darllen nhw. Hefyd y ddadl pwy fydd capten Cymru ar gyfer Cwpan y Byd. Fe glywes i bod un o'r papure hyn wedi cynnal pôl ar y we odd yn dangos mai James, o bell ffordd, odd dewis 'y bobol' i whare rhif 10 yn y gystadleueth.

Ychydig wedyn, mae'n debyg, buodd y papur newydd yn trio ennill cefnogeth i'r syniad o ga'l gêm brawf cyn y gystadleueth, gan gyhoeddi dau dîm posib ar gyfer y gêm honno. Fe ges i 'yn enwi yn safle rhif 10 tîm y Tebygolion. Sôn am drio cadw dwy garfan wahanol o ddarllenwyr yn hapus! Beth bynnag am yr holl ddadle a dyfalu rwy i erbyn hyn jest â marw ishe mynd mas ar y cae 'na i ddangos beth galla i neud dros dîm Cymru ac rwy'n teimlo, beth bynnag sy ishe i fi ei brofi i'r bobol, y bydda i'n gallu neud 'ny.

Mae llawer o sylw'n ca'l ei roi y dyddie hyn i gême'r Tair Cenedl yn hemisffer y de, sy'n ca'l eu hystyried gan rai yn rhyw fath o linyn mesur ar gyfer Cwpan y Byd. Mae pobol hefyd wedi bod yn trio pwyso a mesur gobeithion Cymru yng ngoleuni perfformiad Awstralia yn erbyn Seland Newydd a De Affrica. Er 'yn bod ni fel carfan yn lico gwylio'r gême 'ny ac er nad yw hi'n ymddangos bod unrhyw un o'r tri tîm 'ny ben ac ysgwydd yn well na rhai o wledydd Ewrop, 'dyn ni ddim yn rhoi llawer o bwys ar y perfformiade na'r canlyniade. Achos ry'n ni'n gw'bod mai yn 'yn dwylo ni 'yn hunen mae'r allwedd i sicrhau llwyddiant yn Ffrainc.

Ry'n ni'n gw'bod pa safone fydd wedi ca'l eu gosod ar 'yn cyfer ni fel tîm a beth yw'r cyraeddiade ma'n rhaid i ni anelu atyn nhw fel unigolion. Mae hi lan i ni fel wharaewyr wedyn i drio eu cyflawni nhw. Os 'newn ni, does dim rheswm pam na allwn ni ga'l tipyn o lwyddiant yng Nghwpan y Byd. Ond fe fydd yn rhaid i ni ga'l pob dim yn eu lle cyn whare yn erbyn yr Ariannin a Ffrainc ym mis Awst. Serch hynny mae 'da ni un ffactor arall i'n hysbrydoli ni – sef y ffaith 'yn bod ni wedi whare mor siomedig yn y Chwe Gwlad yn gynharach eleni.

Ar ôl pum wythnos o waith ffitrwydd caled a phrofion manwl fe geson ni, y bois odd ddim wedi bod yn Awstralia, wythnos o seibiant, tra bod y gweddill a fuodd ar y daith yn ymarfer, gan na fydd disgwyl iddyn nhw gyrradd y lefele ffitrwydd angenrheidiol am ychydig o amser eto. Fe 'nes i benderfynu treulio'r amser odd 'da fi bant lan yn Stoke on Trent unwaith eto gyda Marc a Helen, cyn dod 'nôl i neud fy nyletswydd mewn digwyddiade ar ran Undeb Rygbi Cymru.

Wrth i'r profion ga'l eu cynnal wythnos ar ôl wythnos mae 'yn hamsere ni wedi gwaethygu. Ond mae hynna i'w ddisgwyl, yn ôl yr arbenigwyr, ac ar ôl cyfnod o seibiant, fel ry'n ni newydd ei ga'l, fe fyddwn ni'n ca'l 'yn mesur a'n profi unwaith eto'n syth. Bryd hynny fe fydd y canlyniade'n dangos 'yn bod ni nawr yn gryfach ac yn gyflymach – gobitho!

Rwy'n teimlo bod y pump wythnos diwetha wedi

neud lles mawr i fi. Yn sicr rwy'n codi mwy o bwyse nag wy' 'di neud eriod o'r blân. Rwy'n teimlo'n llawer mwy heini o gwmpas ardal y dacl ac rwy'n ymwybodol bo fi'n ymateb yn gynt nag y byddwn i yn y profion ar yr agwedd honno. Mae'r profion yn mesur pa mor gyflym ry'n ni'n ymateb wrth i ni redeg trwy gatie ffoto-electrig, sy'n goleuo'n sydyn i ddynodi bod angen newid cyfeiriad. Felly, rwy'n edrych mlân yn fawr at ga'l yr adroddiad terfynol ar ddiwedd y rhaglen ffitrwydd.

Ond, wrth gwrs, nid dyna fydd diwedd y gân. Mae'r holl raglen wedi ei llunio'n ofalus fel 'yn bod ni, dros yr wythnose nesa, yn trio cynnal y lefele ffitrwydd presennol a bod y ffitrwydd hwnnw'n cyrradd ei uchabwynt jest cyn dechre gême Cwpan y Byd. Yn sicr, dw i eriod wedi profi cyfnod mor galed o baratoi'r corff.

Mae cyment wedi newid ers pan ddechreues i whare gême rhyngwladol. Bryd hynny rodd y pwysles, mewn sesiwn ymarfer, ar ga'l y wharaewyr i redeg dau gan metr ddeuddeg gwaith ar ôl ei gilydd er mwyn gweld a odd y galon yn pympio'n effeithiol, tra bod cyment o'r gwaith ffitrwydd, erbyn hyn, wedi ei seilio ar gynhychu pŵer. Mae 'na wahaniaethe pwysig erill, wrth gwrs: yr holl gymorth technegol sy ar ga'l i helpu hyfforddwyr a wharaewyr i gyrradd y nod; y pwysles sy'n ca'l ei roi ar fwyta'r bwydydd iawn; y sylw sy'n ca'l ei roi i brofion meddygol. Fe fydd y staff meddygol yn cymryd samplau poer, dŵr a testosterôn oddi wrthon ni'n rheolaidd ac mae'r ffaith mai'r wharaewyr sy'n gofalu amdanyn nhw eu hunen yn llawer gwell.

Bellach, mae pob ymarfer yn dechre gyda sesiwn sgilie, falle drilie pasio yng ngofal Neil Jenkins, neu batryme amddiffyn gyda Roland Phillips, neu ddullie osgoi a sioncrwydd gyda Nigel Davies. Ry'n ni hefyd wedi dechre defnyddio technege jiwdo. Yn y lle cynta fe fu Neil Adams, cyn-bencampwr jiwdo Prydain, yn dangos i'r blaenwyr, dan ofal Robin McBryde, sut y gall gwybodeth am sgilie jiwdo fod o gymorth ar y cae rygbi. Erbyn hyn mae Robin wrthi'n cyflwyno'r wybodeth honno i ni'r olwyr ac mae'n rhaid i fi ddweud y galle llawer o sgilie jiwdo fod o fudd i wharaewyr rygbi, yn arbennig yn ardal y dacl. Wedi i wharaewr o'n tîm ni ga'l i daclo ac wrth i wharaewr o'r tîm arall sefyll drosto er mwyn trio rhwygo'r bêl o'i afel, fe fydd hi o fantes petai'r wharaewr o'n tîm ni sy'n cyrradd y fan honno gynta yn gallu defnyddio pwyse rhan ucha ei gorff i daflu ei wrthwynebydd o'r ffordd, heb orfod dibynnu ar gymorth gan gydwharaewr. Yn sicr mae'r drilie a gafodd eu cyflwyno i ni gan Neil Adams yn gymorth mawr yn hynna o beth.

Falle mai'r sesiyne rwy i wedi mwynhau fwya yw'r rhai rwy i wedi eu hala gyda Neil Jenkins yn ymarfer cico. Dyma'r tro cynta eriod i fi dreulio amser gyda rhywun sy'n dadansoddi'r ffordd rwy i'n mynd ati i gymryd y gwahanol fathe o gicie mae gofyn i rywun fel fi eu neud. Fe ges i rywfaint o gyfarwyddyd gan Dave Aldred pan o'n ni ar daith y Llewod i Seland Newydd ond nawr dw i wedi ca'l amser, am y tro cynta, i eistedd a thrafod y gwahanol dechnege gyda Neil.

Mae'n bwysig i giciwr bod rhywun yn edrych yn

fanwl ar ei steil ac yn tynnu ei sylw at dechnege mae modd gwella arnyn nhw. Mae rhai wharaewyr ifanc fel James Hook wedi gallu elwa oddi ar gyfarwyddyd Jinks ers rhai blynyddoedd wrth iddo ofalu am fechgyn yr Academi a bellach ry'n ni'n dau, a Ceri Sweeney yn gallu manteisio ar ei brofiad heleth wrth baratoi ar gyfer Cwpan y Byd. Fe fyddwn ni'n tri'n ca'l sesiyne unigol gydag e yn ystod y rhaglen waith wythnosol, ond pan fydd hi'n fater, o ymarfer cico o'r dwylo fe awn ni'n tri mas i ymarfer gyda'n gilydd.

Ar ddydd Sul, 8 fed o Orffennaf, gan fod 'da ni'n dau gytundeb gydag Adidas, fe halodd y cwmni gar i fynd â fi a James Hook lan i Lundain, er mwyn ca'l tynnu'n llunie'n gwisgo gwahanol ddilladach ro'n nhw'n eu lansio ar gyfer Cwpan y Byd. Rodd Chris Patterson, Jason White a Simon Taylor yno i gynrychioli'r Alban, a Johnny Wilkinson a Danny Cipriani o dîm Lloegr – buodd bois Ffrainc a'r Eidal yno ar y dydd Sadwrn. Rodd hi'n braf iawn ca'l cymysgu gyda'n gilydd a chan fod Johnny a Danny newydd ddychwelyd o Bortiwgal, lle buon nhw'n paratoi gyda thîm Lloegr, rodd tipyn o dynnu coes ymhlith 'yn gilydd ynglŷn â phwy odd yn mynd i ennill pan fydde Lloegr a Chymru'n whare yn erbyn ei gilydd ymhen rhyw dair wythnos. Falle ddylwn i ddim 'di bod mor hyderus!

Dim ond ers ychydig ddyddie ry'n ni wedi dechre ymarfer rygbi corfforol ond â ninne ar fin treulio wythnos yn Llydaw fe fydd pethe'n sicr o newid bryd hynny. Fe fydd yn gyfnod o waith caled iawn gyda sylw nawr, mae'n siŵr, yn ca'l ei roi i dactege, patryme a symudiade. Ry'n ni'n aros yn Pornichet, ar bwys La Baule, yn yr union westy y byddwn ni'n aros ynddo yn ystod Cwpan y Byd, wrth baratoi ar gyfer y ddwy gêm y byddwn ni'n 'u whare yn Nantes.

Mae 'na dipyn o drafod wedi bod ymhlith y bois ynglŷn â phwy fydd yn whare yn erbyn Lloegr ar Awst y 4ydd ac wrth gwrs fe fydden i wrth 'y modd petawn i'n ca'l 'y newis. A dweud y gwir 'swn i'n lico tasen i'n ca'l whare yn y ddwy gêm baratoi arall hefyd, yn erbyn yr Ariannin a Ffrainc ond mwy na thebyg gwnaiff Gareth ddewis tîm gwahanol ar gyfer yr ail gêm ac yna cymysgedd o'r ddau dîm ar gyfer y gêm ola. Byw mewn gobeth, felly. Yn sicr mae 'da ni dalent aruthrol yn y tîm ac fe fydde hi'n biti ofnadwy pe na bai'r talent hwnnw'n whare iddi lawn botensial, yn yr wythnose sy i ddod, ar lwyfan y byd

Yn ddiweddar, fe fu'n rhaid i fi fynd 'nôl i'r ysgol a'r tro hwn fi odd yn trio bod yn athro. Fel rhan o'r gyfres *Cant y Cant* rodd Cwmni Da yn ei ffilmio i S4C, sy'n ca'l ei chyflwyno gan Dwayne a Sarra Elgan, fe dreulies i ddiwrnod neu ddau 'nôl yn Ysgol Bro Myrddin yn dysgu rhai sgilie rygbi i'r disgyblion – shwd mae cico a phaso. Rodd hi'n braf iawn bod 'nôl 'no am y tro cynta ers i fi adel ac er bod yr ysgol erbyn hyn ar safle gwahanol rodd hi'n neis gweld ambell i wyneb cyfarwydd ymhlith yr athrawon. Dw i ddim yn siŵr a o'n nhw'n gallu dweud yr un peth amdana i chwaith!

Yn ystod y dyddie diwetha da'th y wybodeth am y time fydd yn whare yn erbyn ei gilydd yn rownd gynta Cwpan Heineken y tymor nesa. Mae'r Sgarlets mewn grŵp arbennig o galed sy'n cynnwys Wasps – y deiliaid ar hyn o bryd, Munster – yr enillwyr ddwy flynedd yn ôl ac, o bawb yn y byd, Clermont Auvergne. Cyn gynted ag y cyhoeddwyd y grwpiau fe ddechreuodd y negeseuon testun hedfan draw o Clermont. Mae'r frwydr seicolegol wedi dechre'n barod wrth i'r Ffrancwyr ddechre taeru mai gan y Sgarlets y bydd y fantes wrth i'r ddau dîm gwrdd gan 'yn bod ni mor brofiadol yn Ewrop ac mai hon fydd eu tro cynta nhw yn y gystadleueth. Cawn weld, ond yn sicr fe fydd y gystadleueth yn rhywbeth i edrych mlân ati'n ystod yr hydref ar ôl bwrlwm Cwpan y Byd.

HELBUL LA BAULE

A R ÔL WYTHNOSE O weithio'n ddyfal ar 'yn ffitrwydd ro'n i'n edrych mlân at dderbyn canlyniade'r prawf terfynol geson ni jest cyn i'r garfan deithio i Lydaw ar gyfer wythnos o ymarfer. Pan ges i nhw ro'n i'n hynod o bles achos ro'n nhw'n dangos 'mod i'n ffitach nag ro'n i wedi bod eriod cyn hynny. Ond rodd y prawf hwnnw mor galed nes ro'n i'n dal yn teimlo'n stiff y diwrnod ar ôl cyrradd Llydaw. Ro'n ni wedi hedfan o Gaerdydd i Nantes ac yna teithio mewn bws am awr i ardal La Baule – tref glan y môr neis iawn. Ein gwesty ni odd y cyfforddus Kerr Juillet, yn ardal Pornichet – lle braf iawn i aros ynddo. Ro'n ni unwaith eto wedi mynd â'n *chef* 'yn hunen gyda ni, fel 'yn bod ni'n gallu cadw at yr un math o ddeiet ag a geson ni yn y Vale.

Wrth ymarfer buon ni'n defnyddio adnodde Clwb Rygbi St. Nazaire – taith o ryw ddeng munud o'r gwesty. Er mai yn y drydedd adran yng Nghynghrair Ffrainc mae'r clwb hwnnw, rodd ganddyn nhw gyfleustere gwych yno. Rodd 'da nhw dri chae rygbi, y cynta fel lawnt fowlio, yr ail mewn cyflwr arbennig o dda a'r trydydd yn gae Astro-turf bob-tywydd.

Yn yr ymarferion rodd y pwysles bellach ar ga'l y garfan gyfan i weithio ar ddrilie rygbi, gan gyflwyno sesiyne taclo a rhoi sylw arbennig i ardal y dacl ac i linelle amddiffyn. Pan fydde'r garfan yn ymrannu bydde'r blaenwyr yn canolbwyntio ar y sgrym a'r llinell, a'r olwyr ar symudiade penodol ac ongle rhedeg. Fe fues i'n neud tipyn o waith cico yn ogystal gyda Neil Jenkins, ac o ran 'yn whare cyffredinol i ro'n i'n teimlo'n arbennig o siarp.

Aeth y dyddie cynta'n ardderchog ac rodd 'na ysbryd da iawn yn y garfan. Ar ôl gwaith caled yn ystod y dydd rodd 'na gyfle wrth gwrs i ymlacio ac fe dda'th un o gême traddodiadol Ffrainc yn boblogaidd iawn 'da ni, sef *boules*. Pan o'n i yn Clermont bydde'r rhan fwya o'r Ffrancwyr yn y tîm yn cario set o *boules* bob amser yn y car ac rodd mynd mawr ar gystadlu yn erbyn 'yn gilydd, hyd yn oed rhwng sesiyne ymarfer. Ar ôl y pryd nos yn y gwesty, bydde'r rhan fwya ohonon ni'n beicio (rodd digon o feics ar ga'l gan y gwesty) i mewn i'r dre. Taith o ryw chwarter awr odd hi, mewn gwirionedd, ond gan fod cyment o sbort i'w ga'l ar y beics fe gymerodd hi hanner can munud i ni gyrradd 'na un nosweth. Wedyn, fe fydden ni'n setlo mewn *café* i ga'l cwpaned o goffi neu *crepe* fach flasus, gan edrych ar y byd yn mynd heibio. Y fi fydde'n ca'l y gwaith o gyfathrebu gyda'r staff bob tro ac ro'n i'n arbennig o falch o weld bod y brodorion yn dal i ddeall 'yn Ffrangeg i.

Gan fod cynllunie ar gyfer y Tŷ Pwmp ar waith erbyn hynny, byddwn i'n sylwi'n fwy nag arfer ar beth odd yn digwydd yn y *cafés* lleol. Mae rhai'n siŵr o feddwl, oherwydd y diddordeb sy 'da fi mewn bwyd, bo fi'n dipyn o gogydd 'yn hunan. Anghywir. Rwy'n lico bod yn y gegin ond ar y ddealltwrieth taw nage fi sy'n gorfod mynd mas i whilio am y defnyddie bydd eu hishe arna i ar gyfer paratoi'r bwyd. Rwy'n casáu'r jobyn 'ny.

Oddi ar i fi ddod 'nôl o Ffrainc rodd Mam, wrth gwrs, wedi bod yn gofalu'n ardderchog amdana i a finne ddim yn gorfod poeni dim am goginio. Erbyn hyn mae hi wedi symud i dŷ newydd yn y pentre ac mae Gwenno'n awr, a hithe hefyd yn gogydd penigamp, yn neud yn siŵr nad yw safon y *cuisine* yn cwmpo – wrth 'y nghadw i mas o'r gegin mor aml â phosibl.

Fel carfan fe geson ni groeso cynnes lle bynnag bydden ni'n galw yn ardal La Baule. Prawf, falle, o ddiddordeb y bobol leol yn 'yn hymweliad ni â'r ardal odd y ffaith bod dros ddwy fil ohonyn nhw wedi dod i'n gweld ni'n whare gêm brawf yn erbyn 'yn gilydd ar gae St. Nazaire ar y dydd Gwener. Mewn gwirionedd rodd un o'r ddau dîm gafodd eu dewis yn cynnwys y wharaewyr odd yn debygol o ymddangos yn erbyn Lloegr yr wythnos wedyn ac ro i'n wedi ca'l gw'bod y byddwn i'n un ohonyn nhw. Rodd y gêm brawf yn galed dros ben gyda nifer o'r wharaewyr yn ei gweld hi fel cyfle i neud eu marc.

Mae gême fel hyn yn gallu bod yn anodd iawn wrth gwrs. Yn un peth mae'r ddau dîm, fwy neu lai, yn dueddol o ddefnyddio'r un tactege a'r un symudiade. Ar ben hynny does fawr o gico, ac o ganlyniad mae hi'n anoddach torri trwy'r amddiffyn, gan na fydd y ddau asgellwr yn cwmpo 'nôl i warchod unrhyw gicie ond yn hytrach yn sefyll lan ac yn ychwanegu at y llinell amddiffyn. Y bwriad odd whare ugain munud bob ochor, gyda Tim Hayes, un o'n dyfarnwyr profiadol ni yng Nghymru, yn cadw trefn. Rodd e wedi ca'l ei hedfan draw yn unswydd i weithio gyda ni ac yn arbennig er mwyn dehongli'r rheole ar rai agwedde o'r whare.

Ond, wrth gwrs, ches i ddim gweld diwedd yr hanner cynta hyd yn oed. Ar ôl tua chwarter awr, wrth i fi basio'r bêl i Tom Shanklin, fe deimles i rywbeth yn mynd 'pop' yn rhan ucha 'y nghoes i. Ro'n i'n gw'bod bod rhywbeth mawr wedi mynd o'i le, felly fe adawes i'r cae a mynd at Mark Davies, 'yn ffisiotherapydd ni. Dyma fe'n rhoi iâ ar y goes a galw ar yr Athro John Williams, Swyddog Meddygol y garfan. Aeth e â fi ar unwaith i'r stafell ffisiotherapi gerllaw, lle na'th e ychydig o brofion ar y goes.

Do'dd e ddim yn gallu dod i unrhyw gasgliad a dweud pa mor ddifrifol odd yr anaf heb ga'l offer mwy soffistigedig, felly fe drefnodd e 'y mod i'n ca'l sgan yn Ysbyty Prifathrofaol Cymru yng Nghaerdydd y dydd Llun canlynol. Yn y cyfamser rodd y goes yn boenus iawn a finne'n eitha pryderus bod yr anaf, o bosibl, yn mynd i 'nghadw i mas o Gwpan y Byd, ond eto ro'n i'n byw mewn gobeth y bydden i'n ca'l newyddion calonogol ar ôl ca'l profion yn yr ysbyty.

Aeth John Davies â fi yno ar y bore dydd Llun i ga'l sgan uwch-sain ar yr anaf. Rodd yr arbenigwraig braidd yn betrus wrth astudio'r canlyniade ac fe awgrymodd hi y dylwn i fynd i Ysbyty BUPA yn ardal Pentwyn i ga'l sgan MIRA y diwrnod hwnnw. Rodd yr arbenigwr yno hefyd braidd yn amheus wrth fwrw golwg ar y canlyniade, a'r cyfan ddwedodd e odd eu bod nhw'n cadarnhau yr hyn rodd y sgan uwch-sain yn ei ddangos. Do'dd hynny ddim yn golygu llawer i fi ar y pryd.

Erbyn hynny ro'n i'n ofni'r gwaetha. Rodd Marc a Helen wedi mynd â fi i Gaerdydd ond rodd y daith 'nôl i Lan-y-fferi y nosweth 'ny braidd yn fflat er gwaetha'u hymdrechion nhw i godi 'nghalon i. Ar ôl cyrradd, bues i ar y ffôn am sbel gyda'r Athro John Williams ac fe eglurodd e wrtha i beth rodd y ddwy sgan yn ei ddangos. Mae'n debyg bod y cyhyr *quadricep* yn cysylltu â'r glun mewn dau fan yn rhan ucha'r goes. Mewn un man rodd y cyhhyr 50% yn rhydd ac yn y man arall 25% yn rhydd. Ond dywedodd e wrtha i y bydde'n rhaid i mi weld Mr Rhys Williams ar y dydd Mercher i ga'l gw'bod yn iawn.

Mae'n debyg taw'r prognosis gwaetha fydde bod angen llawdrinieth ar yr anaf – bydde hynny'n golygu y byddwn i'n colli nid dim ond Cwpan y Byd ond tymor 2007-8 ar ei hyd. Ond eglurodd yr Athro John Williams hefyd ei bod hi'n bosibl bod digon o feinwe meddal yn sownd wrth y glun i ganiatáu i'r anaf wella'n naturiol ohono'i hunan – proses fydde'n golygu gorffwys am ryw dair i beder wythnos. Ro'n i wedi bod mor lwcus o ran osgoi ca'l anafiade difrifol ar hyd 'y ngyrfa tan i fi ddod 'nôl o Ffrainc. Yn y flwyddyn ddiwetha rwy i wedi ca'l tri anaf drwg, ac wedi colli nifer o gême i Gymru ac i'r Sgarlets. Rodd yr un diwetha 'ma'n fygythiad difrifol. Ar ôl gweithio mor galed dros y misoedd diwetha rodd 'na bosibilrwydd y bydde'r cyfan yn ofer.

Buodd y dydd Mawrth cyn y cyfarfod â Mr Rhys Williams yn ddiwrnod hir iawn. Ro'n i'n trio bod yn optimistaidd ond yn sylweddoli hefyd 'mod i'n teimlo dan dipyn o bwyse. Fe benderfynes i byddwn i'n roi cyn lleied o gyfle â phosibl i hel meddylie, felly fe es i ati, yn gynta, i neud pob jobyn bach yn y tŷ odd ishe ei neud – ers oesoedd, yn achos rhai ohonyn nhw. Wedyn, es i lawr i'r Strade i ladd amser, gan neud y peth hyn a'r peth arall. Yn sicr do'n i ddim ishe siarad am yr anaf – ro'n i jest am drio rhoi'r cyfan yng nghefen 'yn meddwl.

Dodd bore dydd Mercher ddim yn gallu dod yn ddigon clou ac o'r diwedd da'th hi'n bryd gweld Mr Rhys Williams. Rodd e, yn y cyfamser, wedi bod yn edrych ar ganlyniade'r ddwy sgan ac wedi penderfynu rhoi un neu ddau brawf ychwanaegol i fi. Yna, fe gyhoeddodd e nad odd dim angen i fi ga'l llawdrinieth gan fod digon o feinwe ar ôl ar y glun, er bod na 10% o risg na fydde'r cyhyr *quadricep* yn dala o dan bwyse. Felly, ro'n i i ddechre ar yr ymarferion ar unwaith a dod 'nôl i'w weld e ymhen tair wythnos.

Rodd y newyddion yn rhyddhad llwyr, gyda'r drws i'r gême yng Nghwpan y Byd yn dal ar agor i fi. Fe fydde hi wedi gallu bod cyment yn wa'th. Aeth Mark Davies i gysylltiad â Mr Rhys Williams a llunio rhaglen ymarfer ddyddiol ar 'y nghyfer i odd yn gyfuniad o waith yn y pwll nofio, ar gefen beic ac yn y *gym*. Fe ddechreuodd yr anaf wella er 'y mod i'n sylweddoli y galle un cam gwag yn ystod y rhaglen olygu y gallwn i fod 'nôl lle ro'n i'r wythnose cynt. Byddwn i'n neud 'yn ymarferion yn y *gym* ar yr un pryd â gweddill y garfan, fel 'mod i ddim yn colli cysylltiad â nhw. Fel arall ro'n i'n ymarfer ar 'y mhen 'yn hunan, gan anelu, bryd hynny, at fod 'nôl yn aelod cyflawn o'r garfan ar ôl gêm Ffrainc ar Awst 26ain. 'Y ngobeth i odd bod ar ga'l ar gyfer ca'l 'y newis i whare yn erbyn Canada yn Nantes ar Fedi 9fed.

Wrth gwrs do'dd dim sicrwydd y byddwn i wedi ca'l 'y newis yn y garfan derfynol o 30 o wharaewyr. Wedi'r cyfan pan odd gofyn i Gareth Jenkins gyhoeddi'r enwe hynny, newydd gychwyn ar 'yn rhaglen adfer ro'n i, heb w'bod yn iawn a fyddwn i'n debygol o wella mewn pryd. Ond whare teg i'r tîm hyfforddi, ac i Phil Davies hefyd, rwy i wedi ca'l pob cefnogeth ganddyn nhw a phob anogeth i fod 'nôl yn ei chanol hi erbyn dechre Cwpan y Byd.

Eto rodd yn rhaid i fi neud un penderfyniad anodd iawn. Yn ystod y cyfnod paratoi ro'n i wedi ca'l gw'bod gan Gareth Jenkins mai fi fydde Capten Cymru yng Nghwpan y Byd. Ond, wrth gwrs, bellach, rodd amgylchiade wedi newid yn sylweddol. Yn y lle cynta do'n i ddim yn gw'bod a fyddwn i'n ddigon ffit i whare yn y Gystadleueth honno. Yn ail, oherwydd natur y rhaglen adfer ro'n i'n ei dilyn, do'dd 'da fi bellach ddim rhan ganolog ym mwrlwm dyddiol y garfan. O ganlyniad, do'n i ddim yn meddwl y bydde hi'n deg i fi gymryd y gaptenieth. Fe godes i'r amheuon hyn gyda Gareth Jenkins ac rodd e'n gallu gweld 'y mhwynt i. Felly fe gafodd air gyda Gareth Thomas ac fe gytunodd Alfie i gymryd y gaptenieth.

Daeth y tri ohonon ni at 'yn gilydd wedyn i drafod y ffordd mlân ac yn enwedig i neud yn siŵr 'yn bod ni i gyd yn cytuno pam y bu'n rhaid cymryd y penderfyniad hwnnw. Pe bydde un ohonon ni'n rhoi esboniad, a hwnnw rywfaint yn wahanol i esboniad y ddau arall, bydde'r wasg (ac un papur newydd yn enwedig) yn siŵr o neud môr a mynydd o hynny. Fel rodd hi, y cwestiwn cynta a gafwyd yn y gynhadledd ar gyfer y wasg pan gyhoeddwyd mai Alfie fydde'r Capten ar gyfer Cwpan y Byd odd, *"Would Stephen Jones have been Captain had he been fit?"*. Ateb Gareth Jenkins odd *"Yes"*. Yna bydde rhywun wedi disgwyl ail gwestiwn tebyg i

"What are your aspirations, Gareth, as Captain for the World Cup?" neu falle, *"How great an honour for you is being Captain of Wales for the World Cup?"* Ond na. Yr ail gwestiwn i Alfie odd *"What do you think, Gareth, about the fact that Stephen would have been Captain instead of you, had he been fit?"* Ond fe roiodd Alfie, whare teg iddo fe, daw ar y trywydd yna o holi ar unwaith drwy ateb gyda geirie tebyg i *"I'm not going down that path, so stop trying to make an issue of it."*

Ar y dydd Sadwrn canlynol es i draw i dŷ Dwayne yn y Tymbl i weld Cymru'n whare'n erbyn Lloegr yn Twickenham ar y teledu. Rodd y gêm i fod yn gyfle gwych i'r bois neud eu marc ar gyfer gême Cwpan y Byd. Mae'n rhaid i fi gyfadde i fi ga'l y sioc ryfedda 'yn bod ni wedi whare mor wael, yn enwedig gan fod y tîm wedi ca'l hwyl arni wrth baratoi a phawb yn eitha hyderus 'yn bod ni'n mynd i neud yn dda. Rodd Lloegr 'nôl yn yr hen rigol o gadw'r bêl yn weddol dynn ac ailgylchu'n effeithiol heb drio fawr o ddim byd ffansi – o ganlyniad dim ond 29% o'r meddiant gafodd Cymru.

Mae'n anodd weithie ennill gêm gyda 50% o'r meddiant, felly o dan yr amgylchiade, do'dd dim gobeth gan 'yn holwyr ni i greu dim byd. Mae'n bosibl y base Cymru wedi gallu gwella pethe trwy dorri'r llinelle i bump dyn yn amlach neu drwy gico llai at yr ystlys. Rodd yr hyfforddwyr a phawb yn y garfan yn gw'bod y galle'r tîm fod wedi whare'n well o lawer nag a nethon nhw'r diwrnod hwnnw. Es i mewn i'r Vale i weld y bechgyn y bore wedyn ac ro'n nhw'n i gyd yn teimlo'n ofnadw o fflat.

Ro'n i'n byw gartre yng Nglan-y-fferi ar y pryd tra bod gweddill y garfan yn aros yn y Vale, felly do'n i ddim yn ca'l cyfle i gymysgu llawer gyda nhw. Ar ben hynny ro'n i'n dilyn 'yn rhaglen bersonol i o ymarferion ffitrwydd ar 'y mhen 'yn hunan. Fe fyddwn i'n gadel y tŷ am chwarter i saith bob bore, dechre ar y gwaith ffitrwydd yn y Vale am wyth a chario mlân tan ddechre'r prynhawn. Yna fe fyddwn i'n teithio 'nôl gartre ac ymlacio am weddill y dydd. Er ei bod hi'n broses digon unig, yr un peth odd yn galondid i fi odd 'y mod i'n teimlo bod y goes yn gwella'n raddol bob dydd.

Ar fore'r gêm yn erbyn yr Ariannin fe ddechreues i redeg am y tro cynta... ddim yn galed iawn, rhyw fynd i mewn a mas rhwng rhes o gôns, gan fentro rhedeg ychydig bach yn gyflymach bob tro. Ro'n i'n teimlo ambell i bigiad bach o boen yn y goes bob hyn a hyn ond do'dd e'n ddim byd mwy na rhyw rybudd bach i fi gofio bod anaf 'da fi ac y dylwn i gymryd pethe gan bwyll bach. Des i'n fwy a mwy hyderus fel yr a'th y sesiwn yn ei blân ac erbyn y diwedd ro'n i'n rhedeg ar gyflymdra o 65% o'r hyn y bydden i'n arfer ei neud pan own i ar 'y nghyflyma. Ro'n i'n hapus iawn gyda hynna.

Fe es i o nerth i nerth fel yr a'th yr wythnos yn ei blân ond beth odd yn neud i fi wenu odd bod y wasg yng Nghymru yn dweud ei bod hi'n edrych yn llai a llai tebygol y byddwn i'n ffit ar gyfer dechre Cwpan y Byd. Yn wir, ro'n i'n dod mlân mor dda nes i fi, yr Athro John Williams a Mark Davies benderfynu nad odd dim pwynt i fi fynd 'nôl at yr arbenigwr, Mr Rhys Williams, am archwiliad arall a falle ca'l rhagor o brofion, fel ro'n nhw wedi bwriadu i fi neud yn wreiddiol.

Fe wylies i'r gêm yn erbyn yr Ariannin ar y teledu gartre ac ro'n i mor falch i ni ennill. Rodd ca'l buddugoliaeth yn hollbwysig i ni a hynny yn erbyn tîm odd yn uwch na ni yn nhabl goreuon time rhyngwladol y byd rygbi. Rodd perfformiad Cymru yn yr hanner cynta'n ardderchog ond ca'l a cha'l odd hi erbyn diwedd y gêm ac rodd y bechgyn yn siomedig iawn gyda'r ffordd y gadawson nhw'r i'r Ariannin reoli'r whare yn yr ail hanner.

Yr un odd y stori yn erbyn Ffrainc, ar wahân i'r faith fod yr ymwelwyr yn feistri arnon ni o'r gic gynta. Ro'n i yn y Stadiwm ar gyfer y gêm honno ac wedi gobeitho trefnu cwrdd â'r ddau hen ffrind o ddyddie Clermont yng ngharfan Ffrainc, sef Rougerie a Mignoni.Yn anffodus, fe ffaelon ni ga'l amser i gal disgled o goffi 'da'n gilydd yn ystod bore'r gêm a bu'n rhaid i ni fodloni ar sgwrs dros y ffôn. Nawr, rwy'n ffindo bod siarad dros y ffôn mewn Ffrangeg yn fwy anodd achos dyw rhywun ddim yn gallu dibynnu ar help y dwylo i'w deall nhw – mae'r dwylo'n hollbwysig yn Ffrainc. Eto, rodd hi'n braf iawn ca'l cyfle i gadw cysylltiad â'r ddau ohonyn nhw.

Rodd 'na wynebe hir iawn yn y stafell newid ar ôl y gêm. Unwaith eto, er mor dda ac effeithiol odd perfformiad tîm Ffrainc, rodd 'na deimlad y gallen ni fod wedi neud yn well. Drwy amrywio mwy ar 'yn tactege – yn lle 'yn bod ni'n codi'r bêl a gyrru mlân, dro ar ôl tro, ar ôl sgarmes, a hynny'n erbyn pac arbennig o gadarn, fe ddylen ni, o bosibl, fod wedi canolbwyntio ar ymosod yn fwy llydan a thrio gorfodi'r Ffrancwyr i newid eu patrwm nhw o amddiffyn. Mae'n wir i ddweud y gallen ni fod wedi sgori dau neu dri chais arall ond, ar y llaw arall, falle y galle Ffrainc fod wedi sgori pump neu whech cais 'fyd.

Rodd 'na ambell i agwedd galonogol i'n whare ni, fel y llinell, lle cawson ni ddigonedd o feddiant a llwyddo i ddrysu eu llinell nhw hyd yn oed ambell waith. Ond ro'n ni'n gw'bod, ar ôl y gêm, bod angen sylw ar sawl agwedd ar 'yn whare ni cyn wynebu Canada ymhen rhyw ddeg diwrnod.

'Dyn ni ddim y tîm mwya corfforol ac oherwydd hynny fe fyddwn i'n lico'n gweld ni'n whare gêm ehangach a thempo uwch iddi. Rwy'n gw'bod bod rhai wedi trio dadle nad 'yn ni'n ddigon ffit i whare'r math 'na o gêm, yn enwedig yn erbyn tîm fel y Crysau Duon, ond, dyw hynna ddim yn wir ac mae 'da ni ystadege i brofi hynny. Mae'r holl wybodeth am ffitrwydd a nerth holl wharaewyr time rhyngwladol prif wledydd rygbi'r byd ar ga'l. Rwy'n gw'bod pa mor gyflym yw Daniel Carter, maswr y Crysau Duon, dros hyn a hyn o bellter. Rwy i wedi gweld canlyniade'r profion dycnwch fuodd e'n eu neud yn ddiweddar. Rwy'n ymwybodol o faint o bwyse y gall e ei godi mewn gwahanol ymarferion yn y *gym*. Mae'r un wybodeth ar ga'l am Matt Giteau, o dîm Awstralia, ac am bob wharaewr o'r prif dime rygbi fydd yng Nghwpan y Byd. O'u cymharu â'r time erill mae'r canlyniade'n dangos bod Cymru llawn cystal â nhw o ran safone ffitrwydd a nerth.

Ymhen rhyw ddeuddydd rwy'n edrych mlân at ga'l ymarfer gyda gweddill y garfan. Bydd 'na ganolbwyntio ar amddiffyn ac ymosod ac fe fydda i'n cymryd rhan llawn yn yr ymarferion ymosod, gan ohirio neud gwaith amddiffyn am ychydig eto. Dw i ddim chwaith wedi mentro cico hyd yn hyn, gan fod hynny'n gofyn bod y goes yn cynhyrchu pŵer llawer mwy ffrwydrol nag y bydd hi wrth neud unrhyw weithgarwch arall ar y cae. Ond os aiff yr ymarfer yn iawn ym mhen deuddydd, dw i am fentro gydag ychydig o gicie.

Y nod i fi nawr yw bod yn holliach erbyn i ni gyrradd Llydaw y dydd Mawrth nesa a whare rhan gyflawn yn y paratoade ar gyfer y gêm yn erbyn Canada ar y dydd Sul wedyn. Os caf i 'y newis i fod ar y fainc yn y gêm honno fe fydda i wrth 'y modd, achos, o gofio beth odd 'yn sefyllfa i, dim ond ychydig o wythnose 'nôl, rwy i'n bles ofnadw 'mod i'n dal i fod yn rhan o'r garfan ar gyfer yr wythnose nesa.

Rwy'n ymwybodol o'r ffaith fod 'na dipyn o drafod y dyddie hyn ynghylch ble yn y tîm y dylwn i whare, taswn i'n ca'l 'y newis i Gymru. Mae rhai'n awgrymu y dylwn i ga'l 'yn ystyried ar gyfer safle'r canolwr, rhif 12 – er nad oes unrhyw un o blith y tîm hyfforddi, hyd yn hyn, wedi crybwyll hynny wrtha i.Ychydig iawn o brofiad sy 'da fi o whare yn safle'r canolwr ond y gwir amdani yw y byddwn i'n fodlon whare mewn unrhyw safle er mwyn cael cynrychioli Cymru.

Wrth gwrs, byddwn i'n licio ennill 'yn lle yn y tîm fel maswr ond mae'n rhaid derbyn nad oes llawer o wahanieth rhwng gwaith y maswr a gwaith y canolwr rhif 12 am ranne heleth o'r gêm fodern. Mae'r gwahanieth amlyca i'w weld wrth dderbyn y bêl o'r llinell neu o'r sgrym a'r bêl honno sy'n rhoi'r llwyfan gore, gan amla, ar gyfer ymosod yn gyflym ac yn effeithiol. Ond mae wharaewyr blaenllaw fel Aaron Mauger o Seland Newydd a Matt Giteau o Awstralia yn ca'l eu dewis yn y ddau safle yn eitha rheolaidd ac, wrth gwrs, mae'r gêm yn Seland Newydd, wedi hen arfer â'r term *second five eighth* am y canolwr y tu fewn, gan fod disgwyl iddo ynte'n aml iawn, ddangos yr un donie â'r maswr. Cawn weld.

DIWEDDGLO DIGALON

FE GAWSON NI GROESO gwych 'nôl i Lydaw pan gyrhaeddon ni faes awyr St. Nazaire. Rodd ychydig o gannoedd wedi dod yno, gyda phlant yr ysgol leol yn sefyll mewn un llinell i gyflwyno *beret* traddodiadol coch i bob aelod o'r garfan. Fe ethon ni mlân oddi yno i'r un gwesty ag y buon ni'n aros ynddo fe ym mis Gorffennaf ac yn nes ymlaen yn ystod y prynhawn fe ethon ni draw unwaith eto i Glwb Rygbi St. Nazaire i gynnal sesiwn ymarfer, o flaen torf o ryw ddwy fil o bobl leol. Rodd hi'n amlwg bod diddordeb mawr yn Ffrainc yn Nghystadleueth Cwpan y Byd.

Cymru 42 Canada 17
Nantes Dydd Sul, 9 Medi

Cyn gadel Caerdydd ro'n i wedi bod yn gweithio'n galed gyda'r ffisiotherapydd i drio cyrradd, yn dilyn yr anaf i'r goes, y lefel ffitrwydd angenrheidiol. Ro'n i bron yno ond do'n i ddim wedi ymarfer cico o gwbl nac wedi bod yn rhan o'r ymarfer tîm llawn. Ond mas yn Llydaw fe ddechreues i neud hynny i gyd ac yn dilyn pob sesiwn ro'n i'n teimlo bo fi'n dod yn nes at y nod, a'r nod hwnnw, yn 'yn achos i'n bersonol, odd cael 'y newis ar y fainc ar gyfer gêm gynta Cymru yn erbyn Canada. Ro'n i wrth 'y modd pan ges i wybod, ychydig ddyddie cyn y gêm, bod hynny'n mynd i ddigwydd.

Eto, erbyn hyn, rodd pedwar mis a hanner ers y tro dwetha i fi whare gêm lawn ac ro'n i'n teimlo ychydig bach yn nerfus, mae'n rhaid cyfadde – odd yn brofiad eitha dieithr i fi. Rodd yr awyrgylch cyn y gêm yn yr ystafell newid yn eitha cyffrous gyda rhyw ymdeimlad o "Reit, dyma ni, dim mwy o esgusodion, mae'r amser wedi dod i ni brofi 'yn hunen". Er i ni gael agoriad da i'r gêm daeth Canada i mewn iddi fwyfwy a rhoi tipyn o bwyse arnon ni drwy'r hanner cynta. Ro'n nhw'n whare yn llawn brwdfrydedd a ninne'n eu cynorthwyo nhw trwy neud sawl camgymeriad esgeulus. O ganlyniad, erbyn hanner amser, ro'n ni wedi ildio tri chais ac wedi mynd 17-9 ar ei hôl hi.

Fe ges i gwpwl o funude o rybudd cyn cael yr alwad i fynd ar y cae ar ddechre'r ail hanner. Ro'n i'n teimlo mor hapus pan ddigwyddodd 'ny achos, ers rhai misoedd, rodd hi wedi bod yn frwydr galed i gyrraedd y fan honno. Ro'n i wedi cael sawl siom yn ystod y cyfnod 'ny ac ar brydie do'dd pethe ddim yn edrych yn rhy dda. Ond ar hyd yr amser yr unig beth odd yn 'y nghadw i i fynd odd y bydden i, falle, yn ddigon iach i whare yng Nghwpan y Byd. Nawr rodd y foment fawr wedi cyrradd.

Pan redes i mlân ar y cae do'dd neb o blith y tîm hyfforddi wedi rhoi unrhyw gyfarwyddyd i fi ynglŷn â whare mewn rhyw ffordd arbennig. Eto ro'n i wedi sylwi o'n sêt yn yr eisteddle ar y ffordd rodd y gêm wedi datblygu. Rodd 'yn blaenwyr ni'n mynd yn dda yn y whare gosod, ac yn ennill digon o bêl. Rodd Canada yn gorfod amddiffyn eitha tipyn ac ro'n nhw'n debyg o flino'n weddol gloi. Ond falle nad odd y pac yn gyrru mlân digon cyn lledu'r bêl, odd yn golygu 'yn bod ni'n whare'n ormodol ar draws y cae heb ennill tir. Felly, o'n rhan i, pan ddes i mlân, y bwriad odd 'yn cael ni i whare gêm 15 dyn ac ymosod yn lletach, mas o gyrradd wharaewyr Canada a odd yn gwarchod ymylon y sgarmesi.

Daeth Gareth Thomas ar y cae yr un pryd â fi ac rodd ynte, hefyd, yn ymwybodol o'r hyn rodd angen ei neud. Yn y diwedd fe geson ni fuddugolieth ddigon cyfforddus, o 42-17. Ro'n i'n hapus â 'mherfformiad i'n bersonol, a minne wedi cael cyfle i gicio pedwar trosiad ac i redeg rywfaint â'r bêl, gan fod pac Cymru bellach yn symud mlân – profiad dieithr iawn i fi yn ystod y tymor blaenorol! Do'dd y goes ddim yn hollol iawn ond ro'n i'n gw'bod ei bod hi'n gwella o hyd ac y bydden i, o hynny mlân, yn cyfrannu'n llawn at yr ymgyrch. Ond y peth pwysig i ni odd 'yn bod ni wedi agor y Gystadleueth gyda buddugoliaeth ac wedi ennill pum pwynt wrth neud 'ny. Eto do'dd dim dathlu mawr ar ôl y gêm, gan fod y rhan fwya ohonon ni wedi blino'n lân ar ôl dyddie o ymarfer ac wedi whare mewn tywydd twym. Felly 'nôl â ni o Nantes i'r gwesty er mwyn cael nosweth fach dawel.

Cymru 20 Awstralia 32

Stadiwm y Mileniwm, 16 Medi

Rodd hi'n od meddwl am fynd 'nôl i Gaerdydd ar gyfer gêm yng Nghwpan y Byd a ninne wedi setlo yn Llydaw, eto rodd 'na edrych mlân at whare yn Stadiwm y Mileniwm. Fe gafodd y gwaith paratoi mwya ei neud yn St. Nazaire gan nad odd rheole'r Bwrdd Rygbi Rhyngwladol yn caniatáu i ni hedfan i Gymru tan y dydd Iau cyn y gêm. Ro'n ni wedi sylweddoli bod tipyn o waith o'n blaene ni a bod gofyn i ni godi'n safone er mwyn ca'l gobaith o faeddu'r Wallabies. Fe ges i glywed ar y dydd Mawrth mai fi fydde yn safle'r maswr yn eu herbyn nhw ac ro'n i'n ofnadw o bles. Do'dd 'da fi ddim amheueth ynglŷn â'n ffitrwydd achos ro'n i wedi parhau i ymarfer yn galed yn ystod yr holl amser ro'n i'n diodde o anafiade. Dw i ddim chwaith yn un sy'n diodde oherwydd y pwyse o fod yn y tîm mewn rhyw gêm fawr. Felly ro'n i'n edrych mlân yn awchus at y frwydr yn erbyn Awstralia ac yn barod i fwynhau achlysur cyffrous iawn.

Buodd y daith awyren 'nôl i Gaerdydd yn fwy trafferthus na'r disgwyl oherwydd bod un o'r hyfforddwyr, y Bonwr Robin McBryde, wedi darganfod, pan gyrhaeddodd e'r maes awyr, ei fod e wedi gadel ei basport ar ôl yn y gwesty. Tra bu *gendarme* yn ei heglu hi 'nôl yno ar ei feic modur i godi'r pasport fe fu'n rhaid i'r gweddill ohonon ni ddisgwyl yn yr awyren ar y rynwe am hanner awr. Fe fu'n rhaid i Robin dalu £100 i'r Pwyllgor Dirwyon am achosi cyment o drafferth!

Os nad o'n ni'r wharaewyr wedi sylweddoli pa mor ferw fydde'r awyrgylch yng Nghaerdydd ar ddiwrnod y gêm ro'n i'n sicr yn gw'bod 'ny erbyn i'r bws, a ddath â ni i'r Stadiwm, gyrradd cyrion y ddinas. Rodd pobman yn fôr o goch a melyn a phawb yn llawn hwyl. A dweud y gwir, ro'n i 'di synnu bod cyment o gefnogwyr Awstralia wedi neud shwd ymdrech i ddod i gefnogi eu tîm. Ond, i fi'n bersonol, rodd hyn yn creu awyrgylch eitha sbesial ac ro'n i ar dân isie bwrw i mewn i'r frwydr. Do'n ni ddim wedi newid dim ar batrwm 'yn gêm cyn yr ornest yn erbyn y Wallabies ond ar ôl deng muned fe fu'n rhaid i ni ei addasu, achos fe gollon ni Sonny Parker oherwydd anaf, gyda Gareth Thomas wedyn yn symud o safle'r cefnwr i gymeryd ei le yn y canol, tan iddo ynte, ychydig yn ddiweddarach, orfod gadel y cae.

Ro'n ni'n siomedig iawn gyda'n perfformiad yn yr hanner cynta. O'r dechre'n deg, pan drosodd Sterling Mortlock gic gosb yn 'yn herbyn ni, fe nethon ni lawer gormod o gamgymeriade, fel sarnu'r bêl, bod yn esgeulus yn ardal y dacl a chico'n wael. Er i'r blaenwyr ennill hen ddigon o feddiant o'r whare gosod fe ffaelon ni, dro ar ôl tro, groesi'r llinell fantais. Y canlyniad odd, pan fydde'r bêl yn dod 'nôl, pêl araf iawn odd hi ac o ganlyniad rodd asgellwyr a chefnwr y Wallabies yn gallu cwmpo 'nôl yn drefnus i dderbyn 'yn cicie ni pan fydden ni'n trio ennill tir. Pe bydden ni 'di symud mlân dros y llinell fantes yn rheoledd fe allen ni fod wedi rhoi tipyn o bwyse ar y tri amddiffynnwr 'ny. Mae'n siŵr 'yn bod ni, yr olwyr, ar fai bo' ni ddim wedi dod â'n blaenwyr i mewn i'r gêm yn amlach trwy eu cael i redeg mwy at flaenwyr Awstralia. Mewn geirie erill do'n ni ddim yn ddigon clefyr o ran yr opsiyne ddewison ni ac o ganlyniad fe gafodd yr ymwelwyr gyfle i roi eu stamp nhw ar y gêm. Do'dd dim byd o'i le ar y tactege, dim ond 'yn bod ni, fel wharaewyr, yn aflwyddiannus yn y ffordd ro'n ni'n defnyddio'r tactege 'ny.

Er 'yn bod ni ar eu hôl hi o 3 – 25 do'dd dim cynllunie ar hanner amser i newid y patrwm, dim ond i redeg o'r whare gosod yn gryfach ac yn lletach at amddiffyn Awstralia, yn enwedig gyda James Hook bellach ar y cae. Yn raddol fe ddethon ni 'nôl i'r gêm a sgori cais i neud hi'n 10 – 25 ac er bod 'da ni fynydd i'w ddringo ro'n ni fel tîm yn meddwl bod 'da ni obaith i ennill o hyd. Yna fe 'nes i'r camgymeriad mawr 'ny wrth drio dala cic gan Chris Latham, cefnwr Awstralia. Ro'n i'n ofni, o'r eiliad dechreues i redeg, bo 'fi ddim yn mynd iddi chyrradd hi, felly fe ddechreues i gyflymu. Ond wedyn fe es i'n *rhy* gyflym dros y cwpwl o lathenni ola nes bod peryg o fynd heibo'r fan lle ro'n i am fod er mwyn dala'r bêl yn ddiogel. Wrth drio arafu fe lithres i damed bach, ac fe ath y bêl o 'ngafel i, gan fownso i mewn i gôl Latham. Bant â fe a chroesi'r llinell gais am yr ail waith, gan fynd â'r gêm, i bob pwrpas, mas o'n cyrradd ni. Ro'n i'n teimlo'n ofnadw. O bosib ddylen i ddim fod wedi mynd am y gic 'ny, gan 'mod i mor bell o'r fan ble rodd hi'n mynd i lanio – ond, ar ôl dweud 'ny, ro'n i'n gw'bod y bydden i'n dala cic fel'na naw gwaith mas o bob deg fel arfer.

Fe gas Shane gais arall i ni cyn y diwedd ond rodd y sgôr terfynol o 20 – 32 yn siom fawr. Does dim ots 'da fi golli os byddwn ni wedi taflu popeth at y tîm arall ond mae colli ar ôl tanberfformio, fel nethon ni, a ninne'n gw'bod bod 'da ni gyment mwy i'w roi, yn gadel blas cas. Er mor raenus odd perfformiad yr Awstraliaid fe geson ni ambell i fflach o whare digon cyffrous, am ryw ddwy funed ar y tro, odd yn amlwg yn achosi probleme iddyn nhw. Y cwestiwn ro'n i'n ei ofyn ar y diwedd odd pam na allen ni fod wedi cynnal y math yna o whare am gyfnode hirach.

Cymru 72 Siapan 18
Stadiwm y Mileniwm, 20 Medi

Yn dilyn y gêm yn erbyn Awstralia fe dynnodd y wasg yng Nghymru sylw at y ffaith bo' fi a Martyn Williams wedi sôn, mewn cynhadledd i'r wasg, y dyle tîm Cymru, falle, feddwl am newid y patrwm whare odd wedi cael ei sefydlu gan y tîm hyfforddi yn y ddwy gêm agoriadol. Rodd hynna'n nonsens llwyr achos wedodd 'run ohonon ni shwd beth. Beth bynnag a ddywedon ni yn y cyfarfod, fe gafodd e 'i gamddehongli gan y papure newydd dan sylw i greu'r stori uchod – odd yn hwb i werthiant y papure 'ny, wrth gwrs. Fel rodd hi'n digwydd rodd y dadansoddwyr, y wharaewyr a'r tîm hyfforddi wedi cytuno ar y cynllun whare ar ôl tipyn o drafod â chyfnewid barn ymhlith 'yn gilydd. Rodd y tîm hyfforddi bob amser yn agored i awgrymiade gan y wharaewyr, ond fuodd dim sôn o gwbl am newid y patrwm ar gyfer y gêm yn erbyn Siapan.

Er hynny, rodd disgwyl y bydde 'na newidiade, yn y lle

cynta o ran y tîm gafodd ei ddewis. Mewn cystadleueth fel Cwpan y Byd mae'n rhaid i'r hyfforddwyr drio cadw holl wharaewyr y garfan yn siarp ac yn awchus o ran eu hagwedd ac mae'n bwysig bod cyment o wharaewyr â phosibl yn cael gêm rywbryd neu'i gilydd. Felly fe gafodd nifer o'r bois am y tro cynta yn ystod y gystadleueth gyfle i ddechre'r gêm, neu ddod ar y cae yn nes ymlân, fel eilyddion. Fe aeth y cyfan fel watsh, wrth i ni sgori 11 cais ac ennill o 72 – 18. Fe nath Siapan i ni weithio'n galed yn yr hanner cynta ac fe sgoron nhw un cais arbennig iawn, yn dilyn symudiad gwefreiddiol a aeth o un pen i'r cae i'r llall – cais gyda'r gore a welwyd yn ystod yr holl gystadleueth. Ond fel yr aeth yr hanner yn ei flân fe geson ni fwy a mwy o reolaeth ar y whare a digonedd o feddiant, gyda'r blaenwyr yn llwyddo i sugno egni pac Siapan yn effeithiol dros ben. Ro'n i'n weddol siŵr y bydden ni wedi cael y gore arnyn nhw'n llwyr erbyn trydydd chwarter y gêm ac felly y buodd hi.

Ro'n i'n eitha ples â 'ngêm bersonol i, yn enwedig gan 'y mod i wedi llwyddo gyda 5 trosiad ac un gôl gosb. Ro'n i'n teimlo erbyn hyn, ar ôl cael mwy o gyfle i ymarfer, bod y cico wedi dod yn ail natur i fi unwaith 'to. Do'n i ddim wedi bod yn hollol hyderus yn y ddwy gêm agoriadol, gan 'y mod wedi cael cyn lleied o gyfle i ymarfer yn ystod yr wythnose cynt, felly ro'n i wedi gofyn i James Hook gymryd y dyletswydde o drosi oddi arna i yn ystod y gêm flaenorol yn erbyn Awstralia.

Fe ethon ni 'nôl i Ffrainc y diwrnod ar ôl y gêm gan deimlo'n eitha hyderus ar gyfer y gêm nesa, yn erbyn Fiji, mewn wyth niwrnod. Ond do'dd y gwaith paratoi, caled ddim yn dechre tan y dydd Llun wedyn, achos ar y dydd Sadwrn wedi i ni gyrradd 'nôl fe ethon ni, y wharaewyr, am drip i Baris. Fel rhan o drefniade Cwpan y Byd rodd y Bwrdd Rygbi Rhyngwladol wedi sicrhau y bydde Swyddogion Cyswllt – Ffrancwyr fel arfer – yn edrych ar ôl gofynion pob un o'r time odd yn cymryd rhan yn y gystadleueth tra bydden nhw yn y wlad. Rodd y ddau swyddog odd gyda ni wedi cwrdd â'n Pwyllgor Adloniant ar y dechre er mwyn neud trefniade i'n cadw ni'n hapus pan na fydden ni'n ymarfer. Un o'r achlysuron nethon nhw drefnu ar 'yn cyfer ni odd ymweliad â Pharis.

Fe geson ni ddiwrnod ardderchog a'r prif atyniad odd cael mynd i'r rasys ceffyle ar gwrs enwog Longchamps. Fe gawson ni'n trin yn wych gan reolwyr y cwrs ac am 40 euro yr un fe gawson ni bryd o fwyd ardderchog a bocs arbennig i wylio'r rasys reit ar bwys y llinell derfyn. Fe welon ni wyth ras i gyd ac er bo' fi wedi colli arian ar y saith ras gynta fe enilles i fe 'nôl i gyd, a mwy, ar y ras ola! Diwrnod pleserus iawn felly, yn enwedig gan 'yn bod ni wedi cael cyfle hefyd i weld rywfaint ar Baris ac i fwynhau sioe'n ogystal.

Cymru 34 Fiji 38
Nantes, 29 Medi

Erbyn y dydd Llun rodd 'yn ffocws ni'n llwyr ar yr ornest yn erbyn Fiji ddiwedd yr wythnos. Ro'n ni'n sylweddoli bod canlyniad y gêm honno'n mynd i benderfynu a odd yr holl waith caled ro'n ni wedi ei neud yn ystod y flwyddyn ddiwetha yn mynd i dalu ffordd. Bydden ni naill ai'n symud mlân i rownd yr wyth ola, neu bydde'n rhaid i ni ffarwelio â'r gystadleueth a ninne heb fynd ymhellach na'r rowndie rhagbrofol. Eto, ro'n ni'n eitha hyderus y gallen ni sicrhau mai'r cynta o'r ddau ddewis hwnnw fydde'n 'yn hwynebu ni ar ôl y gêm.

Ro'n ni'n hapus y bydde'n patrwm whare ni yr un mor effeithiol yn erbyn Fiji. Buon ni'n dadansoddi'n ofalus eu harddull nhw yn erbyn Canada yn gynharach yn y gystadleueth. Do'dd dim llawer o bwynt astudio eu gêm nhw yn erbyn Awstralia gan iddyn nhw ddewis peidio â whare eu tîm cryfa ar gyfer yr ornest honno. G'nes i damed bach o waith ymchwil personol cyn mynd i Gwpan y Byd gan edrych ar y we ar y garfan rodd Fiji wedi'i dewis. Ro'n i wedi synnu mewn gwirionedd pa mor gryf o'n nhw pan fydde eu wharaewyr gore nhw ar gael. Yn anffodus do'dd nifer fawr o'r rheiny ddim ar ga'l ar gyfer eu teithie tramor diweddara, gan fod cyment ohonyn nhw'n whare ar hyd a lled y byd. Mae'r un peth yn wir am dime erill fel Tonga a Samoa. Ond pan odd Fiji'n gallu tynnu ar olwyr mor ddawnus â Delasau a Bai sy'n whare i Clermont, Rabeni o Glwb Caerlŷr a Rauluni o'r Saraseniaid a chiciwr mor gywir â Nicky Little, rodd hi'n amlwg eu bod nhw'n haeddu tipyn o barch. Felly rodd y bobl 'ny odd yn dweud mai "dim ond" Fiji odd eisie i ni eu maeddu cyn camu mlân i rownd yr wyth ola yn dangos eu hanwybodeth o'r gêm. Ond beth synnodd fi fwya am eu whare odd pa mor effeithiol odd eu blaenwyr. Ro'n nhw mor dda yn ennill eu pêl eu hunain, yn y gêm dynn ac ar y llawr, agwedde nad o'n i ddim yn disgwyl iddyn nhw ragori ynddyn nhw. Ar ben hynny ro'n nhw mor gyflym a grymus yn y whare rhydd.

Mae'n hawdd codi pais ac yn y blaen ond dylen ni fod wedi defnyddio tactege cwbl wahanol. Dylen ni, o'r dechre, fod wedi whare gêm syml, dynn, sef yr hyn rodd y tîm hyfforddi wedi bod yn ei bregethu wrthon ni am neud. Bydde hynny wedi ei neud hi'n anoddach i Fiji amddiffyn yn ein herbyn ni ac wedi achosi iddyn nhw ddigalonni ac, o ganlyniad, i droseddu. Pan gafodd Fiji eu cosbi sawl gwaith yn ystod y deng muned cynta fe ddylen ni fod wedi arafu pethe a chymeryd cicie at y pyst neu at y corneli yn hytrach na thrio lledu'r bêl.

Ond nethon ni ddim, ac ar ôl 'yn hymosodiade ofer ni rodd Fiji, am gyfnod o ryw ugain muned, ar dân. Ro'n nhw'n gorfforol, yn athletaidd, yn gyflym, yn dadlwytho'n effeithiol ac yn ochrgamu'n wych. Unwaith ro'n nhw'n llwyddo i fynd y tu ôl i ni rodd hi'n anodd eu stopo nhw rhag sgori. Ar ben hynny fe fownsiodd y bêl yn garedig iddyn nhw sawl tro. Y canlyniad odd 'yn bod ni ar ei hôl hi o 10 – 25 ar yr hanner ac yn teimlo bod rhyw fath o gorwynt wedi'n bwrw ni.

Unwaith eto, y neges yn ystod yr egwyl odd cadw at y patrwm whare gwreiddiol gan newid rhywfaint ar y ffordd ro'n ni'n mynd i amddiffyn, sef 'yn bod ni, fel llinell amddiffyn, yn hytrach na mynd lan yn gyflym at linell 'yn gwrthwynebwyr wrth iddyn nhw ymosod, yn arafu dipyn a'u gorfodi nhw i redeg aton ni. Eto, rodd y dasg o orfod sgori dros ugain pwynt yn yr ail hanner yn ymddangos yn anferth ond am ugain muned fe weithiodd 'yn patrwm whare ni'n wych. Fe sgorion ni dri chais cyffrous i fynd ar y blân o 29 – 25 ac ro'n ni'n ennill wedyn o 34 – 31, gydag ond ychydig funude i fynd. Er hynny Fiji gafodd y gair ola gan sicrhau buddugolieth gyda chais a throsiad.

Unwaith eto, yn y chwarter ola, fe ffaelon ni ddefnyddio'r tactege iawn. Dylen ni fod wedi neud yn siŵr 'yn bod ni'n whare mwy i'n cryfdere yn ystod y cyfnod hwnnw, fydde wedi'n galluogi ni i gadw'r gêm yn dynn a chyfyngu ar gyfleoedd Fiji i ymosod. Er enghraifft byddai codi'r bêl o sgarmesi a gyrru mlân yn rheolaidd wedi arwain at sawl sgrym, gyda ninnau'n rhoi'r bêl i mewn, sef un o'r agwedde gwannaf ar whare Fiji. A dweud y gwir, dim ond tri sgrym cyflawn fuodd 'na yn ystod yr ail hanner. A do'dd 'yn cico tactegol ni ddim yn ddigon cywir chwaith.

O'n rhan i ro'n i'n siomedig gyda 'nghico i at y pyst. Do'dd bwrw'r postyn dair gwaith mewn gêm ddim yn rhywbeth odd wedi digwydd i fi eriod o'r blân ac fe ddylen i fod wedi neud yn well. Er i rai o'r cicwyr eraill weld bai ar y peli odd yn cael eu defnyddio mas yn Ffrainc do'dd dim esgus 'da fi. Yn y diwedd fe fu'n rhaid i fi ofyn i James Hook gymryd drosodd, achos ro'n i wedi cael cic ar 'y mhen ac yna cic yn 'yn stumog odd yn achosi rhywfaint o drafferth i fi.

Do's dim rhaid dweud 'yn bod ni'n ofnadw o ddigalon ar y diwedd. Wrth gwrs bod Fiji'n dîm da odd wedi whare'n ardderchog. Ond fe ddylen ni fod wedi ennill a'r hyn odd yn 'yn corddi ni fwya odd 'yn bod ni'n gw'bod 'yn bod ni'n well tîm o lawer nag a ddangoson

ni, a bod gyda ni shwd gyment i'w roi. Peth arall odd
yn neud i fi deimlo mor siomedig odd bod Nhad yn
y dorf y prynhawn hwnnw. Rwy'n agos iawn ato ond
anaml iawn y bydd e'n dod i 'ngweld i'n whare gan ei
fod e'n mynd yn annioddefol o nerfus drosta i mewn
gêm, felly mae e'n dueddol o gadw draw. Ond y tro
hwn rodd e ac Ann, ei wraig wedi penderfynu llogi *gîte*
heb fod ymhell o Nantes fel y gallen nhw fanteisio ar y
cyfle i ddod i weld y gêm yn erbyn Fiji. Rodd e hyd yn
oed wedi sôn am ddod i 'ngweld i yn y ffeinal tasen ni'n
mynd drwyddo!

Rodd yr ystafell newid fel y bedd ar ôl y gêm. Daeth
yr hyfforddwyr i mewn i gynnig gair o gysur, gyda
Gareth yn neud ei ore i godi ein calonne. Fe bwysodd
e arnon ni i aros yn gadarn gyda'n gilydd, ac i drio bod
yn bositif yn wyneb y ffaith y bydden ni'n siŵr o gael
ein beirniadu'n hallt. do'dd dim llawer o hwyl arnon ni
ar y nos Sadwrn a do'dd arnon ni ddim whant siarad
â neb. Ethon ni 'nôl i'r gwesty ac ar ôl treulio ychydig
o amser gyda'n gilydd yn ystafell y tîm rodd y rhan
fwya'n ddigon hapus i fynd i'r gwely'n weddol gynnar.

Y bore wedyn fe glywson ni fod Gareth wedi cael ei
ddiswyddo ac fe nath hynna i fi deimlo'n llawer gwaeth.
Rodd e'n boblogaidd iawn 'da'r wharaewyr a'n cyfrifoldeb
ni'r wharaewyr odd sicrhau perfformiad da ar y cae.
Rodd hi'n galed i dderbyn nawr bod y ffaith 'yn bod ni
'di ffaelu neud 'ny wedi arwain at ddiswyddo Gareth.
Rodd e wedi trefnu cyfarfod gyda'r wharaewyr ar gyfer y
bore 'ny beth bynnag, er mwyn cael dadansoddiad, yn ôl
yr arfer, o'r gêm y diwrnod cynt. Yn lle hynna fe safodd

o'n blân ni a dweud ei fod e bellach yn ffarwelio â ni fel hyfforddwr. Rodd hi bown o fod yn anodd dychrynllyd iddo fe orfod siarad â ni.

Rwy i wedi bod trwy gyfnode anodd gyda Chymru sawl gwaith yn y gorffennol ac rwy i wedi bod yn benderfynol bob tro o frwydro 'nôl. Ro'n i'n teimlo yr un peth ar ôl Cwpan y Byd. Rwy'n gw'bod bod talent yn nhîm Cymru, ac nad yw'r tîm wedi whare iddi botensial ers tro. Mae gofyn i ni'r wharaewyr nawr godi 'yn safone a symud y gêm ymlân. Rwy'n joio whare i Gymru ond rwy'n sylweddoli bod 'y ngobeithion i o neud 'ny yn y dyfodol yn mynd i ddibynnu ar yr hyfforddwr newydd, pwy bynnag fydd e, ac ar ba mor dda y bydda i'n whare i'r Sgarlets. Mae'r ffaith 'yn bod ni'n whare yn erbyn De'r Affrig ar Dachwedd 24ain yn sbardun. Wedi'r cyfan do's dim byd gwell, i dîm nac i unigolyn, na cha'l cyfle i whare yn erbyn y gore yn y byd. Ond, am y tro, yr hyn rwy'n edrych mlân ato fwya yw i ailafel ynddi gyda'r Sgarlets.

Y peth cynta nath Phil Davies, whare teg iddo, ar ôl i ni ddod 'nôl o Gwpan y Byd, odd rhoi cyfnod bach bant i'r bois odd wedi bod ar ddyletswydd gyda Chymru. Felly fe aeth Gwenno a fi draw i Efrog Newydd am ychydig ddyddie, lle cawson ni amser ardderchog yn ymweld â'r atyniade twristedd arferol, fel Adeilad yr Empire State, Ground Zero, y Statue of Liberty a Central Park. Rodd y cyfan yn help mawr i drio dod dros siom Cwpan y Byd. Rodd hi'n braf hefyd cael cefnu'n llwyr ar rygbi am ychydig ddyddie ac ar yr holl ddadansoddi a beirniadu ddaeth yn sgil 'yn perfformiad siomedig ni yn y gystadleueth. Ond, mae'n rhaid i fi ddweud, ers i fi ddod 'nôl, dw i ddim wedi profi'r atgasedd 'na odd i'w weld yng ngholofne ambell i bapur newydd yng Nghymru wedi i ni ga'l 'yn bwrw mas, ond yn hytrach, cydymdeimlad gan fwya. Des i 'nôl i Gymru mewn pryd i weld y ddwy gêm gynderfynol a synnu bod y time sy 'di whare'r rygbi mwya negyddol yn y gystadleueth wedi bod mor llwyddiannus. Do's dim posib bod hynna'n beth da i rygbi'n gyffredinol.

Ers i fi ddod 'nôl i Lanelli ar ôl 'y nghyfnod gyda Clermont fe fu hi'n flwyddyn 'lan a lawr' ar sawl cyfri. A dweud y gwir ro'n i wedi anghofio faint o sialens odd bod yn wharaewr dosbarth cynta yma yng Nghymru, a chyment y mae rhywun o dan y chwyddwydr gan y wasg a'r cyfrynge. Am 99% o'r amser 'dyw hynna ddim yn broblem o gwbl gan fod y rhan fwya ohonyn nhw'n awyddus i roi agwedd bositif iddi straeon nhw. Wrth gwrs mae 'na adege pan fyddwn ni'n haeddu beirniadeth ond yr hyn sy'n gadel blas cas yw'r ffordd mae ambell i bapur yn mynd mas o'i ffordd yn gyson i sgrifennu adroddiade negyddol.

Yr hyn rwy i wedi 'i fwynhau fwya yn ystod y flwyddyn a aeth heibio yw cael hala 'yn wythnos waith i ar y Strade. Mae agwedd a chwmni'r bois a'r staff, y steil o rygbi ac arweiniad Phil i gyd wedi bod yn wych ac rwy'n edrych mlân at dymor arall cyffrous. Pwy a ŵyr falle mai'r uchafbwynt fydd cael mynd 'nôl eto i Clermont pan fyddwn ni'n eu herio nhw yng Nghystadleueth Cwpan Heineken ymhen ychydig wythnose. Fydd y croeso yno ddim mor dwymgalon y tro hwn – falle!

Enghraifft o raglen ymarfer fisol y Sgarlets

Mis Mawrth	Ebrill 2007							Mai 2007						
	LL	M	M	I	G	S	S	LL	M	M	I	G	S	S
							1		1	2	3	4	5	
	2	3	4	5	6	7	8	6	7	8	9	10	11	12
	9	10	11	12	13	14	15	13	14	15	16	17	18	19
	16	17	18	19	20	21	22	20	21	22	23	24	25	26
	23	24	25	26	27 .	28	29	27	28	29	30			
	3	31												

Llun	Mawrth	Mercher	Iau	Gwener	Sad/Sul
5	**6**	**7**	**8**	**9**	**10**
9.00 am Sesiwn i'r rhai ag anaf DECHRAU CYFNOD 9 DIWRNOD GORFFWYS 10.00 am Cyfarfod Staff Hyfforddi	8.00 am Sesiwn i'r rhai ag anaf 9.00 am Cyrraedd Trac Caerfyrddin 11.00 am Pryd ac adolygu gêm Ulster – Strade 12.30 pm Cyfarfod Staff Hyfforddi PLEIDLAIS CHWARAEWR GORAU'R CYFNOD	8.00 am Sesiwn i'r rhai ag anaf 8.15 am Codi pwysau (olwyr) 8.30 am Gwaith Uned (blaenwyr) 10.15 am PRYD 11.30 am Gwaith Uned (olwyr) Codi Pwysau (blaenwyr)	8.00 am Sesiwn i'r rhai ag anaf 9.30 am Cyrraedd 10.00 am Sesiwn tîm yn cynnwys sgiliau craidd (N. Owens mewn) CYHOEDDI CHWARAEWR GORAU'R CYFNOD	8.00 am Sesiwn i'r rhai ag anaf 8.15 am Codi pwysau (olwyr) 8.30 am Gwaith Uned (blaenwyr) 10.15 am PRYD 11.30 am Gwaith Uned (olwyr) Codi Pwysau (blaenwyr)	Yr Eidal v Cymru (2.30 pm) DIWRNOD GORFFWYS **11** DIWRNOD GORFFWYS
12	**13**	**14**	**15**	**16**	**17**
8.00 am Sesiwn i'r rhai ag anaf 8.15 am Codi pwysau (olwyr) 8.30 am Trac Caerfyrddin (blaenwyr) PRYD 11.30 am Codi Pwysau (blaenwyr) Trac Caerfyrddin (olwyr) **GWAITH ADFER - STRADE**	**Adam Carey Mewn** 8.00 am Sesiwn i'r rhai ag anaf 9.30 am Cyrraedd 10.00 am Sesiwn tîm yn cynnwys sgiliau craidd (N Owens mewn) PRYD YN ALATALIA	**Adam Carey Mewn** 8.00 am Sesiwn i'r rhai ag anaf 8.15 am Codi pwysau (olwyr) 8.30 am Gwaith uned (blaenwyr)	8.00 am Sesiwn i'r rhai ag anaf 9.30 am Cyrraedd 10.00 am Sesiwn tîm **PRYD**	9.00 am Sesiwn i'r rhai ag anaf DIWRNOD GORFFWYS I WEDDILL Y GARFAN PENWYTHNOS CHWARAEWR GORAU'R CYFNOD YN ST BRIDES MAWRTH 16-18	Llanymddyfri v Penybont DIWRNOD GORFFWYS Cymru v Lloegr (5.30 pm) **18** DIWRNOD GORFFWYS
19	**20**	**21**	**22**	**23**	**24**
8.00 am Sesiwn i'r rhai ag anaf 8.15 Pwysau (blaenwyr) 8.30 am Gwaith uned (olwyr) 10.00 ADFER CHWARAEWYR RHYNGWLADOL 11.30 AM	8.00 am Sesiwn i'r rhai ag anaf 9.30 am Gadael Strade ar gyfer diwrnod atgyfnerthu'r tîm yn cynnwys proffil o'r dyfarnwr a dewis y tîm PRYD, BANT O'R STRADE 12.30 pm Cwrdd â'r cyfryngau bant o'r Strade	9.00 am Sesiwn i'r rhai ag anaf a'r rhai sy ddim yn y 22 DIWRNOD GORFFWYS I'R GARFAN 9.15 am Cyfarfod Hyfforddwyr ar y Strade	9.00 am Sesiwn i'r rhai ag anaf DIWRNOD GORFFWYS I'R RHAI SY DDIM YN Y 22 6.00 PM Cyrraedd a gair gan y capten gan gynnwys rhagolwg. 6.30 PM Sesiwn fer y capten, pryd ysgafn ac adfer. Diod.	4.00 pm Sesiwn i'r rhai ag anaf a'r rhai sy ddim yn y 22 Sgarlets v Y Dreigiau Y Strade (7.10 pm)	Llanymddyfri v Aberafan Adfer unigolion a diwrnod gorffwys **25** DIWEDD CYFNOD 9 8.00 am Cyfarfod yn y Vale ar gyfer Adfer Tîm yn cynnwys y rhai ag anaf a'r rhai sy ddim yn y 22 9.15 am Brecwast 9.45 am Arolwg y Dreigiau a dewis tîm
26	**27**	**28**	**29**	**30**	**31**
9.00 am Rhai ag anaf a'r rhai sy ddim yn y 22 – sesiwn ar y Strade 9.30 am Y 24 dewis. i gwrdd yng ngwesty St Brid – gwersyll ymarfer (teithio mewn ceir)	9.00 am Sesiwn i'r rhai ag anaf 9.00 am Chwar. y garfan i deithio i St Brid am sesiwn Gwersyll ymarfer drwy'r dydd yn St Brid (Proffil N Owens o'r dyfarnwr) 12.30 pm Cinio 1.30 pm Gwaith Cyfryngau	DIWRNOD GORFFWYS I BAWB	9.00 am Sesiwn i'r rhai ag anaf a'r rhai sy ddim yn y 22 10.00 am Cyrraedd a gair gan y Capten 10.30 am Sesiwn fer y Capten PRYD	4.30 pm Sesiwn i'r rhai ag anaf a'r rhai sy ddim yn y 22 Sgarlets v Munster Y Strade (7.30 pm)	9.00 am Sesiwn i'r rhai ag anaf yn y Vale 9.30 am Adfer Tîm yn y Vale yn cynnwys adolygiad, PRYD a gosod nod DIWRNOD BANT I'R RHAI SYDD DDIM YN Y 22 **1 Ebrill** **DIWRNOD GORFFWYS**

Am restr gyflawn o lyfrau'r Lolfa,
mynnwch gopi o'n catalog newydd
rhad neu hwyliwch i mewn i'n gwefan

www.ylolfa.com

lle gallwch archebu llyfrau ar lein.

Talybont Ceredigion Cymru SY24 5HE
ebost ylolfa@ylolfa.com
gwefan www.ylolfa.com
ffôn 01970 832 304
ffacs 832 782